SERGIO COLTELLACCI

ATTITUDINE MENTALE POSITIVA

=

SUCCESSO

"SE NON TI PIACE QUALCOSA, CAMBIALA; SE NON PUOI CAMBIARLA CAMBIA IL MODO DI PENSARE RISPETTO AD ESSA ".

MARY ENGELBREIT.

Tutti i diritti sono riservati. Questo libro no può essere riprodotto totalmente o parzialmente, ne può essere guardato o trasmesso in nessuna forma senza l 'autorizzazione scritta del autore, sono escluse le riveste que possono citare piccoli passaggi nelle loro pagine.

Dedica

Dedico questo libro a mia moglie Gladys, compagna della mia vita.

Ai miei quattro figli, Adolfo, Romano, Tibisay e Arianna.

Ai miei nipoti, al mio primo pronipote e a tutte le generazioni a venire, sperando che saranno sempre felici

e manterranno sempre una forte attitudine mentale positiva

durante il loro viaggio attraverso la vita.

ÍNDICE

Dedica	2
Prefazione (A) Bernardina Giorgi	4
Prefazione (B) Arianna Coltellacci	12
Introduzione Sergio Coltellacci	14
Capsula 1	17
Capsula 2 - Atteggiamento mentale positivo	27
Capsula 3 – La Fiducia	41
Capsula 4 – La Fede	61
Capsula 5 – Le Preoccupazione	66
Capsula 6 – L'Entusiasmo	71
Capsula 7 – La Perseveranza	81
Capsula 8 – La Disciplina	80
Capsula 9 - Vincitori contro perdenti	86
Capsula 10 - I problemi	93
Capsula 11 - La zona della comodità	97
Capsula 12 - Il potere	107
Capsula 13 – La Eccellenza	111
Capsula 14 – Il Successo	118
Capsula 15 - Leadership	135
Capsula 16 - Il segreto della vita più sana	165
Capsula 17 –Il cammino al successo	181
Capsula 18 – La Felicità	188
Note finali	
Grazie	205

PREFAZIONE (A)
(Arianna Coltellacci)

Il viaggio della vita sta diventando sempre più accelerato e pieno di cambiamenti ogni giorno, la tua attitudine determinerà se il viaggio sarà piacevole e pieno di successi. È importante essere mentalmente pronti ai cambiamenti; Questi cambiamenti offrono sempre nuove opportunità di successo, se la tua attitudine mentale sarà positiva, poichè essa è l'ingrediente principale per far volare i tuoi sogni e raggiungere i tuoi obiettivi.

Con la giusta attitudine mentale ti convincerai che "tutto può essere fatto in questa vita". Sarai così convinto che niente e nessuno potrà fermarti, la tua energia traboccherà e sarà contagiosa per tutti coloiro que stanno intorno a te.

Dopo aver letto questo libro, l'attitudine mentale positiva genererà un cambiamento integrale che sarà inspiegabile per tutti coloro che non l'hanno mai sperimentata.

Ecco di cosa tratta questo libro che l'autore condivide con te e che ti insegnerà come acquisire tutto ciò di cui hai bisogno per avere la giusta e vera AMP nella sua pienezza e raggiungere il successo = scopo della tua vita. Ed è questo che cerca la vita, giusto? Conoscere il tuo scopo e viverlo con passione al massimo.

E ti ripeto, poiché la vita sta diventando più veloce ogni giorno, devi essere pronto a saltare in alto e avere la giusta AMP. Siete pronti?

Non importa quale professione fai. Io mi sono dedicata alla vendita, ma tu, mio caro lettore, che lavori fai? Magari sei uno che lavora alla borsa di New York o sei una fantastica "casalinga" a tempo pieno; ogni professione senza eccezioni ha bisogno di una attitudine mentale positiva.

L'attitudine che hai verso le situazioni, vantaggiose o svantaggiose, che ti si presentano, è estremamente importante, quell'attitudine che determinerà il risultato del tuo successo o fallimento e trasformerà tutto, sia in bene sia per male.. Sei tu quello che decide!

Immergiti in ognuna delle conoscenze espresse dall'autore in questo libro, e si !!!!! "Tutto è possibile!"
Applicando ciò che è stato appreso attraverso questa lettura, continuerai a sognare e concretizzare ogni obiettivo in modo positivo.
Sono grata all'autore e mi sento fortunata ad avere avuto il privilegio sin da piccola di assorbire i suoi insegnamenti e acquisire la AMP.

La professione alla quale mi dedico: "La Vendita", è la professione più antica del mondo. Con l'attitudine mentale positiva ho ottenuto cambiamenti molto positivi che ogni giorno mi hanno dato grandi risultati. Molto spesso le persone si chiedono perché ho un sorriso contagioso, un'energia desiderabile trabocca sempre da me ... Lasciami condividere con te che dopo aver letto "Attitudine mentale positiva = successo", le persone che incontrerai nella tua vita si ricorderanno di te e saranno meravigliate della tua AMP; e tu, a sua volta, genererai un cambiamento positivo in loro, come una palla di neve, così come l'autore ha avuto un impatto sulla mia vita sin dalla mia infanzia e poi con questo libro.

Nessuno ha detto che il percorso sarà facile; e te lo ripeto ... "Ciò che viene facilmente, va via facilmente" ... Quando qualcosa sembra facile, corri scappa e gira per l'altra strada! ... Non voglio che tu pensi che con un "clic" avrai la AMP adeguata e avrai successo e diventerai miliardario; NO !!!!! ... Questo non è Facebook, Instagram, Twitter o SnapChat che con un clic ci mostrano la vita che le altre persone ci permettono di vedere o ci fanno credere di vivere; questa è la vita stessa, dove non hai una tastiera per manipolare il risultato. Qui il risultato dipende da te, dalla tua attitudine.

Buone notizie: "Tutto è possibile nella vita" con l'attitudine mentale positiva; Ecco cosa imparerai in questo libro "Attitudine mentale positiva = successo".

Lo vedrai più volte durante la lettura del libro: "Il risultato dipenderà dalla tua attitudine mentale positiva".

Dipende da te, non da altri. L'autore ti insegnerà come misurarla, e come avere un termometro e capire dove si trova il tuo livello di attitudine mentale positiva ... Sei pronto?

Com'è il tuo ottimismo oggi? Voglio chiederti prima di iniziare a leggere: quanto pagheresti oggi, se ti venisse detto che l'attitudine mentale positiva aprirà le porte al tuo vero successo? ... Sei rimasto silenzioso, vero?

L'autore ha già pagato la tariffa, quindi non ti costerà nulla, continua a leggere attentamente e a prendere appunti. Se decidi di fare il cambiamento vedrai che senza dubbio alla fine della lettura l'AMP prenderà il tuo posto e arriveranno grandi successi.

Quando si inizia la carriera della vita non abbiamo quel termometro, e nessuno ci dice niente, in genere si impara sbattendo la testa al muro ... Dicono che "se i giovani sapessero e i vecchi potessero" ... Questo l'ho sentito molte volte dall'autore stesso.

Ma voglio che tu sappia che sempre ho risollevato la testa e ci ho riprovato e questo fa parte di una attitudine mentale positiva già imparata; perché la si impara nel grembo della madre; lo dimentichiamo con i messaggi del mondo moderno che vogliono tenerci in una nuvola, addormentati, e lo sostituiamo con l'attitudine opposta. Esatto, tutti i bambini nascono con AMP e poi lo dimenticano ... Ad esempio; si bruciano la mano nella presa ma ce la rimettono ... Non hanno paura; la paura è l'opposto di AMP, la paura ci paralizza. I bambini al contrario, che non conoscono ancora la paura, insistono e si rialzano dopo aver pianto per il dolore dell'ustione e riprovano convinti.

L'AMP elimina la paura, diventa una medicina integrale per la tua vita e nessuno può fermarla; tutto ciò che hai deciso di fare lo farai.
Niente sarà impossibile e l'attitudine mentale positiva è essenziale per raggiungere lo scopo della tua vita ... Sei pronto? ... Bene, quando finisci di leggere "Attitudine mentale positiva = successo", questa diventerà la tua vera passione, e sarà contagiosa.
Questa lettura pratica dividerà in un prima e un dopo la tua vita. L'autore, in questo libro, riesce a condensare le sue conoscenze acquisite durante più di 50 anni nel mondo delle vendite, influenzando la crescita personale di molte

persone sia in conferenze e colloqui motivazionali a livello internazionale, e attraverso questa lettura ti trasmette l'importanza della "Attitudine mentale positiva", perché è la chiave del tuo successo.

Sei pronto? ... Dai! ...

Si noti che l'autore chiama " capsule" i vari capitoli : la capsula contiene un prodotto medicinale ed ogni capitolo è una medicina che serve a farti sentire più forte e sicuro.

Leggendo e riflettendo, e facendo una sincera analisi di noi stessi, analizzando gradualmente e con determinazione i saggi consigli dell'autore, ricaveremo sicuramente benefici insperabili.

INTRODUZIONE
(Sergio Coltellacci)

Se stai leggendo questo libro, significa che hai fatto il primo passo verso il tuo successo e, come dice giustamente un proverbio cinese "Il viaggio più lungo inizia con il primo passo".

Complimenti, sei interessato a diventare una donna o un uomo di successo. Ciò dipenderà principalmente dalla tua Attitudine Mentale.

È relativamente facile nella vita arrivare al successo, solo è necessario pensare come un vincitore, perché cambiando il modo di pensare si cambierà il modo di agire. Migliorando la tua Attitudine Mentale Positiva ti prepari al successo che ti darà grandi soddisfazioni personali, familiari e finanziarie.

Il successo dipende in gran parte dalla tua Attitudine Mentale Positiva.

Quante volte nella tua vita hai fissato degli obiettivi e poi non sei stato in grado di raggiungerli? In genere hai sempre trovato molte scuse per giustificare il tuo fallimento però non hai mai voluto riconoscere che tu sei il vero e unico colpevole dei tuoi fallimenti.

Quello che suggerisco in queste righe dovresti metterlo in praticafino a quando non avrai acquistato la capacità di essere una persona che sa affrontare la vita con Entusiasmo. Se avrai il coraggio di cambiare avrai un futuro pieno di successi e soddisfazioni.

Riceverai ciò che sei disposto a dare. Se dai molto riceverai molto, altrimenti avrai ciò che meriti.

Con l'adeguata Attitudine Mentale Positiva attirerai il successo e sarai un vincitore nella vita.

Infine, ti ricordo che l'attitudine è più importante dei fatti. Pertanto per acquisire e mantenere una forte Attitudine Mentale Positiva, devi coltivare la fiducia e la fede che ti daranno l'Entusiasmo, quindi, una formidabile Attitudine Mentale Positiva che ti porterà al successo.

Non preoccuparti, ancora hai tempo, grazie a questa lettura la tua vita cambierà radicalmente. Ora è il momento, non ti arrendere, vai avanti e il successo inevitabilmente sarà tuo.

"LA GRANDE SCOPERTA DELLA MIA GENERAZIONE È CHE UN ESSERE UMANO PUÒ CAMBIARE LA SUA VITA CAMBIANDO LA SUA ATTITUDINE."

WILLIAM JAMES.

Vuoi davvero diventare la persona che hai sempre desiderato essere? Devi allora, sinceramente e con fermezza, decidere, con forza, che cosa realmente vuoi fare con la tua vita.

Una volta che hai visualizzato il tuo obiettivo, devi stabilire il tempo che pensi per raggiungerlo e infine elabora la strategia appropriata. Devi saper utilizzare tutta la volontà e il potere che hai e, senza dar peso a quello che succede, mantieni sempre una forte Attitudine Mentale Positiva. Infine impegnati con il tuo obiettivo rispettando la strategia da te elaborata. Solo allora puoi aspirare a una vita fantastica e piena di successi.

La verità è che non ci sono momenti difficili nella vita. Solamente, esistono persone che non sanno come affrontare le situazioni difficili che la vita ci presenta. Si disperano e perdono di vista l'obiettivo fissato.

Devi avere il coraggio di affrontare gli ostacoli con fermezza ed entusiasmo per dominarli, altrimenti sarai dominato. Solamente tu sei l'artefice del tuo destino, quindi sarai responsabile del successo o del fallimento.

PREFAZIONE (B)
(Bernardina Giorgi)

Questo volume, più che un testo, è una vera e propria guida di istruzioni che mette in evidenza come la volontà di ogni essere umano possa realizzare la propria vita arrivando a raggiungere tutte le mete prefissate.

L'autore, memore del suo percorso che l'ha portato a notevoli successi imprenditoriali, e, non solo, si è attivato con semplicità ed onestà, prendendo la mano di ciascuno di noi per condurci a livelli sempre più alti nel campo del lavoro, in quello sociale e familiare. Il giusto comportamento umano è la soluzione per tutto! La lettura di queste righe è un'iniezione di sprone, di salute fisica e mentale, e di ottimismo, a prescindere da qualunque attività si abbia, e da qualsiasi obiettivo si voglia raggiungere.

Per ottenere una vita migliore e felice è importante tenere presenti le seguenti riflessioni:

Il più grande svantaggio è la paura.
Il momento più importante è ora.
I migliori insegnanti sono bambini.
L'errore più grande è arrendersi.
Il più grande difetto è l'avidità.
La cosa più importante per te è il tuo obiettivo.
È importante conoscersi.

Ogni essere umano, anela una vita migliore e a realizzare i propri sogni; gli individui che non hanno desideri possono essere considerate soltanto persone che camminano in questo mondo. Non sono persone normarli. Qualunque sia il tuo sogno immediato, puoi realizzarlo, credimi! Tutto dipende solamente da te.

Se non sai dove stai andando, è perché semplicemente non hai un obiettivo chiaro. Ricorda che molti stanno approfittando dell'opportunità che la vita presenta e stanno conquistato il successo. Se questo non è il tuo caso, c'è un modo molto semplice per scoprire quello che vuoi; devi sforzarti di fare l'opposto di ciò che ti fa paura in questo momento, quando vincerai questa paura allora starai sulla strada del successo.

Una volta scoperto quale sia il tuo obiettivo, devi necessariamente convincerti che può essere raggiunto, e devi credere intensamente che è possibile cambiare la situazione che ti fa sentire a disagio o in ansia, devi elaborare un piano passo-passo che ti guiderà verso il raggiungimento del tuo obiettivo e logicamente al successo.

Quando compaiono momenti complessi e critici e stai per abbandonare, pensa a tutti i motivi che hai per raggiungere l'obiettivo. Allora, rinasceranno in te la fiducia e la fede, si risveglierà l'entusiasmo sopito che sta dentro di te, quindi, ti meraviglierai perché apparirà in te l'Attitudine Mentale Positiva.

È molto importante immaginare di raggiungere gli obiettivi che ti sei prefissato. Sentirai subito l'emozione che proverai quando li avrai raggiunti. È importante che tu visualizzi il tuo obiettivo. Abbi fede, la fede mostra la realtà di ciò che ci aspettiamo, è l'evidenza di cose che non possiamo vedere oggi.

Circondarti di persone che condividono le tue stesse preoccupazioni serve ad avere un appoggio.

Infine, è necessario mettersi un limite di tempo, poiché i sogni senza una data sono solo "illusioni". L'unica differenza tra obiettivo e sogno è che l'obiettivo ha un limite di tempo per essere raggiunto.

Quando hai l'obiettivo e il progetto per raggiungerlo ti troverai in una posizione molto delicata perché o avanzi o ti arrendi, perciò, a questo punto, ricorda che chi avanza nella vita è chi non ha mai abbandonato e ha sempre ottenuto quello che vuole. Il fallimento è amico di chi non comincia mai o abbandona. Questo è il motivo per cui diciamo che l'imbecille e il successo non vanno mai d'accordo. Il problema di oggi giorno è che la maggioranza delle persone si sono abituate a cercare lavori facili, evitando quelli difficili, non pensando che questi ultimi, generalmente, sono quelli che ci condurranno al successo economico, Sempre, la maggioranza della gente, pensa solamente all'oggi, e non si preoccupa del domani, che sarà il loro futuro. Per questo motivo, quando inizi a fiutare il successo, devi essere responsabile, continuando a rispettare, con la tua Attitudine Mentale Positiva al massimo per raggiungere definitivamente il tuo obiettivo.

Devi imparare a dominare le situazioni piuttosto che essere dominato da esse. Solo tu sei l'architetto del tuo destino.

Ti chiederai, quindi come affrontare le difficoltà. Il modo migliore per affrontare le difficoltà è affidarti a tuo buon senso e credere che saprai superare le difficoltà che incontri; solo così facendo potrai raggiungere il successo desiderato. La miglior formula per superare le difficoltà è mantenere un'Attitudine Mentale Positiva.

A seguire condivido alcuni suggerimenti che ti faciliteranno il cammino verso il successo.

- Cerca sempre di aiutare gli altri nel risolvere i problemi

- Non sorprenderti di fronte alle difficoltà, piuttosto guardale come qualcosa di naturale. Sulla strada del successo sempre incontrerai molte difficoltà che ti rafforzeranno e ti spingeranno con più energia verso il tuo obiettivo.

- Di fronte a situazioni difficili, analizza più possibilità e scegli sempre la migliore.

- È necessario progettare la propria strategia sempre con ottimismo fissando obiettivi concreti e raggiungibili.

- Sii sempre ottimista e scaccia tutte le idee negative.

- Non preoccuparti e non perdere tempo con piccole cose.

- Rimuovi rapidamente ogni tipo di pensiero negativo dalla tua mente e cambialo per un pensiero positivo.

- Stai lontano da amicizie tossiche e circondati sempre di persone ottimiste.

- Sii un venditore di Fede, Speranza e Ottimismo, vedrai come le persone si avvicineranno a te e desidereranno imitarti.

- Sappi che le persone con Attitudine Mentale Positiva non vivono nel passato, stanno costruendo il futuro.

Referendosi alla felicità che deriva da un'Attitudine Mentale Positiva, Così la definiva l'attore spagnolo Arturo Fernández R. : "NON È QUALCOSA CHE DOBBIAMO CERCARE, BENSÌ LA DOBBIAMO SCOPRIRE, PERCHÉ, LA FELICITÀ GIÀ STA DENTRO OGNUNO DI NOI. NON È UNA PERSONA O QUALSIASI CIRCOSTANZA CHE CI PORTA LA VERA FELICITA', BENSÌ LIBERARE E GODERE PIENAMENTE DI NOI STESSI, QUINDI LA FELICITÀ CONSISTE SEMPLICEMENTE NEL POTER ESISTERE E AMMIRARE LA VITA OGNI ISTANTE."

Impara da tutti i tuoi fallimenti. Tieni presente che ogni fallimento è una nuova esperienza che ti rafforza e ti consente di trasformare il negativo in positivo, generando così opportunità che ti porterà a raggiungere i tuoi obiettivi.

Sappi che quando una situazione è impossibile, devi analizzarla con attenzione e sempre cercare di trasformarla in possibile. Solo così la vita sarà come la desideri.

Non mollare mai, cerca sempre di avanzare, consigliati, non rimanere solo, mantieni sempre forte la tua fede, che ti aiuterà a vivere intensamente, con passione, ogni minuto della tua fantastica vita. Non a caso un gran politico italiano diceva: **MEGLIO UN GIORNO DA LEONE, CHE CENTO ANNI DA PECORA.**

Non preoccuparti, preoccuparsi è occupare i nostri pensieri prima che accadano le cose, impedendoci di cercare la soluzione giusta.

Sapevi che il 70% delle preoccupazioni riguarda cose che sono già accadute? 18% per cose che non sono ancora accadute, 9% per le cose su cui non hai controllo e solo il 3% per le cose su cui invece hai un controllo.
Per questo, non ti preoccupare. **OCCUPATI**

Infine, come affermò la grande scrittrice Mary Ann Evans, che adottò lo pseudonimo di George Eliot, **"NON È MAI TROPPO TARDI PER ESSERE QUELLO CHE POTEVI ESSERE STATO"**.

ATTITUDINE MENTALE POSITIVA

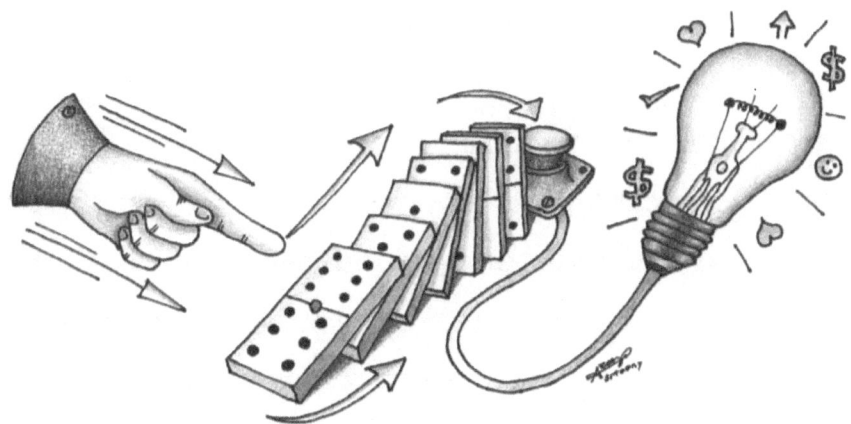

"L'ATTITUDINE POSITIVA PROVOCA UNA REAZIONE A CATENA DI PENSIERI, EVENTI E RESULTATI. È UN CATALIZZATORE E SCATENA STRAORDINARI RiSULTATI".

WADE BOGGS

Devi sempre mantenere una straordinaria Attitudine Mentale Positiva. A proposito c'è una storiella che ci dimostra l'importanza di essere sempre ottimisti: "**In Africa, ogni mattina si sveglia una gazzella, e senza titubare, sa che deve correre più veloce del leone se non vuole essere uccisa. Ogni mattina in Africa un leone si sveglia, e sa che deve correre più veloce della gazzella, se non vuole morire di fame.**" Così è la vita oggi giorno; dobbiamo affrontarla come fa la gazzella o il leone che cominciano a correre quando spunta il sole senza pensare che possano fare fiasco.

Il problema è che molte volte dentro di noi compare una forza (paura), che ci vieta di realizzare il progetto che dovevamo fare per raggiungere l'obiettivo. Questa forza (paura), ti impedisce di essere la persona che tu vuoi essere. Devi prendere le redini della tua vita, e, come nel caso della gazzella o del leone, incomincia a correre velocemente per essere una donna o un uomo di successo.

Così pensava, sulla paura, il grande Imperatore romano Marco Aurelio: "**UN UOMO NO DEVE AVERE PAURA DELLA MORTE; DEVE AVERE PAURA DI NON VIVERE MAI.**"

Osho, guru indiano, così si pronunciava sulla paura:" **LA SOCIETÀ, LA CHIESA, LO STATO, VOGLIONO CHE TUTTI VIVANO COSTANTEMENTE CON PAURA; PAURA DELLE COSE CHE CONOSCI, PAURA DI QUELLE CHE NON CONOSCI, PAURA DELLA MORTE, PAURA DELL'INFERNO, PAURA DI NON ANDARE IN CIELO, PAURA DI NON LASCIARE IL TUO NOME NEL MONDO, PAURA DI NON ESSERE NESSUNO. DALLA NASCITA TUTTI TI METTONO PAURA DI TUTTO QUELLO CHE TI CIRCONDA. NESSUN BAMBINO È NATO CON PAURA. OGNI BAMBINO NASCE LIBERO, RIBELLE, INDIVIDUALISTA, INNOCENTE, GENUINO; TUTTE GRANDI QUALITÀ** ".

Se pensi di avere paura nel raggiungere una cosa o l'altra , quello che devi fare è rivedere urgentemente i tuoi piani e immediatamente apportare le correzioni pertinenti

Per incrementare la tua giusta Attitudine Mentale Positiva devi avere molto entusiasmo, il quale aumenterà man mano che aumenta la tua Sicurezza e la Fede nell'esecuzione delle attività.

Come disse qualcuno:" **TUTTO QUELLO CHE FORTEMENTE IMMAGINI CON MOLTO ENTUSIASMO E UN FORTE DESIDERIO INEVITABILMENTE SUCCEDERÀ."**

Quando distogli lo sguardo dal tuo obiettivo e quando appare la paura e con lei gli ostacoli, devi sempre mantenere pensieri adeguati che ti permetteranno di superare tutti gli ostacoli e dirigerti velocemente verso il tuo obiettivo.

Solo con la corretta Attitudine Mentale Positiva puoi sconfiggere tutti i problemi che appaiono. Nessun ostacolo può resistere di fronte a una mente decisa. Però se non hai l'Attitudine Mentale appropriata, ti sarà impossibile raggiungere l'obiettivo.

Devi capire chiaramente che, per raggiungere quello che desideri, non basta avere solo buone intenzioni, è necessaria l'Attitudine Mentale Positiva, che con Fede, Fiducia ed Entusiasmo, ti guideranno con successo a realizzare i tuoi desideri.

È importante mantenere sempre un buon piano d'azione e realizzarlo con molta Fede e Fiducia, così facendo ne deriverà l'Entusiasmo, e quindi, l'appropriata Attitudine mentale positiva.

Non importa quanto sia difficile il cammino che dovrai percorrere per raggiungere il tuo obiettivo, con l'Attitudine Mentale Positiva supererai ogni tipo di ostacolo. Stai attento, perché gli ostacoli sono quelle cose SPAVENTOSE che vedi quando distogli lo sguardo dal tuo obiettivo.

Non importa quanto sia dura la lotta, impara e aggrappati ai tuoi sogni e lotta inesorabilmente per i tuoi obiettivi. Allora è quando genererai Fiducia e Fede, che nasceranno in te l'Entusiasmo e automaticamente l'Entusiasmo ti darà una forte Attitudine Mentale Positiva; e questa ti farà conquistare il mondo.

Avanti!!!!!

Il Mahatma Gandhi dichiarò: **"SE CREDO CHE SONO CAPACE DI FARLO, CONSEGUIRÒ SICURAMENTE LA CAPACITÀ PER FARLO, ANCHE SE NON NE ERO CAPACE ALL'INIZIO."**

Devi capire che l'Attitudine Mentale Positiva non è una garanzia per il successo, devi concentrarti per poterlo raggiungere. È necessario capire come puoi sviluppare un'Attitudine Mentale Positiva. Una volta che hai imparato, vedrai il mondo in un modo completamente diverso:

1. AVERE OBIETTIVI REALI E SPECIFICI:
Sii realista. Questo non significa che devi essere pessimista, però certamente stai attento a non cadere nelle false illusioni.

Ricorda, solamente tu tracci il cammino da percorrere per raggiungere l'obiettivo. Avere un obiettivo concreto fa sì che la tua Attitudine Mentale si trasformi in positiva.

Inoltre devi ardentemente credere che tu puoi, indipendentemente dagli ostacoli che incontrerai, mantenere una adeguata Attutudine Mentale Positiva.

2. ANALIZZA TUTTO QUELLO CHE FAI:
Come disse il famoso impresario degli Stati Uniti Peter Nivio Zarlenga: "**FAI UNA SOLA COSA PERFETTAMENTE BENE; DOPO, FAI LA SUCCESSIVA.**"

Valuta se quello che stai facendo ti aiuta veramente per raggiungere l'obiettivo; in caso contrario, rettifica rapidamente la attuazione, in maniera che puoi nuovamente dirigerti verso l'obiettivo.

3. ORGANIZZA L'OBIETTIVO A CORTO, MEDIO E LUNGO TEMPO PER POTER COSI' ARRIVARE FACILMENTE ALL'ULTIMO.

Va bene pianificare i tuoi obiettivi a corto e medio termine, però questi devono condurti all'obiettivo a lungo termine. Quando tu hai una serie di obiettivi realizzati, ti sentirai piu ottimista e sarai motivato a spingerti verso obiettivi sempre piu alti.

Tony Robbins, specialista della strategia imprenditoriale e della formazione di dirigenti per imprese, in un'occasione disse:" **STABILIRE GLI OBIETTIVI È IL PRIMO PASSO PER RIPORTARE L'INVISIBILE AL VISIBILE.**"

È fondamentale che pensi che cosa realmente tu voglia raggiungere, poi che tu faccia tutto quello che è possibile per renderlo concreto. Fa il possibile affinchè tutto quello che fai vada verso il tuo obiettivo principale.

4. USA LA TUA SIMPATIA:
Quando fai dei favori, falli solo perché ti fanno piacere. Usa la simpatia con la gente. Cerca sempre di essere felice, ricorda che quando sei allegro e ridi tutti vogliono gioire con te, invece, quando sei triste e piangi, nessuno vuole stare in tua compagnia.

"SE NON HAI EMPATIA E RELAZIONI PERSONALI EFFETTIVE, NON IMPORTA QUANTO TU SIA INTELLIGENTE, NON ARRIVERAI MOLTO LONTANO. " Questo affermò lo psicologo Daniel GNolema che nel 1955 scrisse il libro "Inteligencia Emocional ".

5. CONTROLLA IL TUO CERCHIO DI INFLUENZA:

È importante controllare l'ambiente per mantenere un' ATTITUDINE MENTALE POSITIVA. Allontanati immediatamente da tutte quelle persone tossiche che si trovano intorno a te. Cerca di mantenere relazioni solo con le persone che condividono la tua stessa visione. In questo modo il tuo circolo d'influenza diventerà molto importante per stimolare e aumentare la tua ATTITUDINE MENTALE POSITIVA. In diversa maniera, se mantieni le persone tossiche nella tua cerchia d'influenza, svilupperai sicuramente una ATTITUDINE MENTALE NEGATIVA, che senza dubbio ti trascinerà al fallimento.

Scegli i tuoi amici con attenzione e stai lontano dalle persone nocive. Associati sempre e solamente alle persone positive. Soltanto così conserverai una forte Attitudine Mentale Positiva. Perciò, è necessario fare tutto quello che è possibile per controllare con fermezza la tua Attitudine Mentale Positiva.

6. LEGGI:

Sapevi che un comune cittadino generalmente non utilizza più di 600 parole nelle conversazioni? Se provi a imparare tutti i giorni una nuova parola, tra qualche anno avrai un chiaro vantaggio sugli altri nelle tue conversazioni.

Molte statistiche ci dicono che il reddito di una persona è generalmente correlato al vocabolario che gestisce.

7. CONCENTRATI SU COSA VUOI REALIZZARE E FA IN MODO CHE SUCCEDA:
Verifica che tutto ciò che fai ti aiuti ad andare avanti, verso obiettivi più grandi. Subito, è già un primo grande passo per raggiungere la felicità e il benessere futuro.

8. STUDIO:
Prendi l'abitudine di leggere 30 minuti al giorno qualcosa di positivo, istruttivo, stimolante ecc. Considerando che una persona normale legge una pagina ogni due minuti e considerando che una pagina contiene circa 350 parole, in mezz'ora avrai letto più o meno 5.250,00 parole al giorno, in un anno avrai letto un ammontare di 1.900.000,00 parole; orbene, se pensiamo che un libro medio più o meno contiene 300 pagine e ogni pagina contiene più o meno 350 parole, avrai letto in un anno 18/20 libri contro 2 o 3 di una persona comune. Che succederà?

In conseguenza vedrai il miracolo del tuo progresso culturale. La tua preparazione sarà aumentata immensamente, ottenendo un'incredibile sicurezza in tutto quello che dici e fai; quindi come saresti rispetto agli altri?

Infine, ti ricordo che l'Attitudine è il più importante dei fatti; dunque per ottenere e mantenere una Attitudine Mentale Positiva, devi praticare la Fiducia e la Fede che aumenteranno l'Entusiasmo, e quindi una incredibile Attitudine Mentale Positiva.

Perciò non è mai troppo tardi, oggi è il giorno per cominciare. Quindi, va avanti e il successo sarà tuo.

La differenza, tra un trionfatore e un fallito, è l'Attitudine Mentale che possiede. Quando sai davvero come incrementare e mantenere un'Attitudine Mentale Positiva, è quando ti stai trasformando in una persona Eccellente.

È eccellente quella persona che dimostra capacità o abilità insolite e un incondizionato senso di decisione.

Pertanto, per essere eccellente, devi svolgere tutti i tuoi compiti alla perfezione, e non cercare scuse sul perché non sono state fatti. Come, la famosa frase anonima: **"Le scuse sono per i falliti** ".

Nella vita devi prepararti e fare del tuo meglio al massimo e con molta efficacia, per raggiungere l'eccellenza, e con essa il successo. Devi sviluppare una forte Attitudine Mentale Positiva, che ti permetterà di forgiare una personalità di trionfatore che ti porterà all'eccellenza e quindi al successo.

Come persona eccellente devi avere obiettivi chiari, sviluppare ovviamente un piano d'azione per raggiungerli e quindi scagliarsi senza paura alla conquista degli stessi; Non devi preoccuparti degli ostacoli, perché, come abbiamo detto prima, essi appaiono quando distogli lo sguardo dagli obiettivi.

Devi imparare a fare cose straordinarie, fai sempre un po di più di quello che ti è possibile, quindi tutto sarà straordinariamente eccellente.

Comprendi che oggi il mondo è completamente diverso, le persone sono più preparate. Perciò hai la responsabilità di prepararti molto di più! Essere un uomo di Eccellenza, devi cancellare dalla tua mente tutte le idee negative e ogni pensiero che ti fa vedere le cose impossibili, togli dalla tua bocca la parola "Impossibile" sostituiscila con la parola "Si! è possibile.

Tutto è possibile! Dovresti sapere che la differenza tra il successo e il fallimento, oltre all'Attitudine Mentale Positiva, è saper riconoscere l'opportunità.

Ti troverai costantemente di fronte a grandi opportunità, che sembrano il più delle volte problemi senza soluzioni, invece con la giusta Attitudine Mentale saprai come riconoscerle e ottenerne il dovuto beneficio.

Alla fine, come disse il grande Henry Ford, l'inventore della catena di montaggio nel settore automobilistico "IL FALLIMENTO È L'OPPORTUNITÀ DI INIZIARE NUOVAMENTE CON PIÙ INTELLIGENZA " Effettivamente, la persona che possiede una forte e definita Attitudine Mentale Positiva può osare aspirare a qualsiasi obiettivo reale ed essere quello che sempre ha desiderato essere, quindi, quando hai formato la tua Attitudine Mentale Positiva, non dovresti preoccuparti più, perché non tutti i problemi resisteranno alla tua forza di volontà potenziata dalla Attitudine Mentale Positiva.

"LA FIDUCIA IN TE STESSO È PIÙ IMPORTANTE DEL DENARO. SE HAI FIDUCIA HAI CREDITO, NON HAI BISOGNO DEL DENARO"

ANONIMO

Una delle cose più importanti oltre all'Attitudine Mentale Positiva e all'Entusiasmo è la Fiducia.

Ti suggerisco diverse idee per aumentare e consolidare la tua FIDUCIA:

1. Crea nella tua mente il ritratto di te trionfante e non dimenticarlo mai. Non pensare mai, che sei un fallito.

Ricorda che il potere della mente è immenso, immaginati sempre come una persona di successo, senza considerare le difficoltà del momento.

2. Quando appare nella tua mente un pensiero negativo immediatamente pensa a qualcosa di positivo, così cancellerai e allontanerai immediatamente da te ogni pensiero negativo.

3. Non mettere ostacoli o limiti ai tuoi pensieri; ricorda che quello che conta è pensare sempre positivamente, in questo modo azionerai tutte le tue capacità ed energie, che ti spingeranno a superare tutti gli ostacoli, quindi raggiungerai il successo.

4. Non tentare mai di imitare nessuno e non farti impressionare. Sii autentico, sii te stesso, accettati con tutte le tue qualità e difetti.

Ricorda che tutti, durante la loro vita hanno avuto momenti di grande confusione, di spavento e dubbio sulla capacità di poter superare gli ostacoli che li separano dal successo.

5. Durante il giorno pensa costantemente a parole positive che ti aiuteranno a superare le difficoltà.

6. Fa onestamente il bilancio delle tue capacità e abilità e tenta di applicarle ogni giorno; in questo modo inevitabilmente raggiungerai i tuoi obiettivi.

7. Fidati, senza cadere nella vanità e presunzione, delle tue capacità, per raggiungere i tuoi obiettivi, quindi il successo personale. Il rispetto è fondamentale.

8. Infine, stai lontano dalle persone nocive.

Unisciti solo a quelle persone positive e procurati un mentore sincero per aiutarti a sviluppare questa meravigliosa forza che tu possiedi inesplorata: "LA FIDUCIA IN TE STESSO".

Molte persone di successo hanno usato queste semplici regole e hanno ottenuto la Fiducia necessaria per avere grande successo.

Sii un vincitore, tu te lo meriti. Come diceva il grande Il filosofo greco Platone: **"LA PRIMA E LA MIGLIORE DELLE VITTORIE È LA CONQUISTA DI SE STESSO."**

Infine, ti ricordo che l'Attitudine è più importante delle azioni. Perciò, per ottenere e mantenere un' Attitudine Mentale Positiva devi controllare la fiducia e la fede, le quali aumenteranno il tuo entusiasmo, pertanto una formidabile Attitudine Mentale Positiva.

Pertanto, non è mai troppo tardi, il momento è oggi. Vai avanti e otterrai il successo !!!

Ci sono situazioni che si presenteranno durante la vita; e tu dovrai dimostrare di essere in grado di prendere la decisione corretta per ogni situazione; ESEMPIO: "Un uccello che si trova su di unalbero non ha mai paura

che il ramo si rompe, perché la sua fiducia non è nel ramo ma nelle sue ali." Anonimo.
Devi Credere sempre in te stesso!

"Se ti fidi, saprai che la decisione presa in una determinata situazione è quella corretta ", per questo dovresti essere sempre connesso alla tua Attitudine Mentale Positiva.

Per questi motivi, le persone con una forte fiducia in se stesse sono quelle che migliorano tutti i tipi di relazioni.

La fiducia in te stesso deve far parte del tuo personaggio essendo la garanzia del tuo benessere; Ti aiuterà anche a migliorare le tue attività quotidiane. Aumentare la fiducia in te stesso è molto positivo per una vita piena di soddisfazioni. Solo quando provi a fare cose che ti spaventano inizierai a coltivare la fiducia. Quando avrai la dovuta fiducia sarà molto facile cambiare le tue abitudini, ottenendo così tutto quel che vuoi.

Una delle cose che ti ha impedito più di una volta di agire e raggiungere il tuo obiettivo è stata precisamente la paura dell'insuccesso.

Come diceva William Shakespeare: "I NOSTRI DUBBI CI TRADISCONO, TRAMITE LA PAURA CI FANNO PERDERE TUTTO QUELLO CHE POTREMMO GUADAGNARE.

Senza dubbio, qualche volta hai avuto paura di fronte a certe situazioni della tua vita. Questo succede principalmente a causa della mancanza di fiducia in te stesso, dovuta alla paura, la quale distrugge più persone di qualsiasi altra causa nella vita e ti impedirà di eseguire azioni appropriate per superare questo o quell'evento.

La fiducia in se stessi è il primo grande requisito per raggiungere risultati eccezionali.

In generale, per mancanza di fiducia in te stesso, quando tenti di cambiare qualcosa della tua vita, apparirà la paura che limita il tuo potenziale e paralizza le tue azioni. Questo è qualcosa che tutti abbiamo sperimentato in un certo momento della nostra vita. Pertanto, possiamo terminare dicendo che la mancanza di fiducia è direttamente proporzionale alla paura che hai, poichè ti impedendisce di prendere decisioni per paura a sbagliare.

Se sei una persona onesta, come penso, sarai d'accordo con me che, mentre lottavi per raggiungere i tuoi obiettivi, senza dubbio, ci sono stati dei momenti in cui hai pensato di non poter raggiungerli. Sicuramente mentre lottavi per i tuoi obiettivi, è dovuta aumentare la fiducia che alla fine ti ha permesso di raggiungere quello volevi, indipendentemente dagli ostacoli.

Molte persone hanno paura, e quindi sono insicure nell' affrontare anche le cose più comuni. "**la paura t'impiccolisce anche di fronte ai problemi piu banali, che ti sembreranno, senza ragione, degli ostacoli insuperabili** "

Ricorda che avere paura è normale e comune tra persone, ecco perché è importante superare la paura e aumentare la fiducia in se stesso. Nessun problema può resistere a una mente decisa. "**Allora tu ti trasformerai, nella persona che vedrà i problemi come una grande opportunità per arrivare all'obiettivo** "

Superare la paura è quello che fecero lungo la storia molti uomini che con coraggio, fiducia e determinazione ci hanno consentito di usufruire di tutto quello che oggi abbiamo; alcuni esempi di questi grandi personaggi sono: "Alulá, Enki, Mitra, Archimede, Socrate, Platone, Alessandro Magno, Giulio Cesare, Giustiniano, Gesù, Maometto, Marco Polo, Leonardo da Vinci, Galileo Galilei, Erik il Rosso, Vasco de Gama, Cristoforo Colombo, Enrico Fermi, Nikola Tesla e Wernher von Braun ",

Probabilmente ti chiederai, come puoi superare la paura e sentirti sicuro di fronte alle circostanze della vita?

Voglio condividere dodici punti importanti per acquisire e aumentare la fiducia in te stesso:

1. UNISCITI AI MIGLIORI:

Questa frase di Cónrad Hilton: " **IL SUCCESSO… SEMBRA ESSERE RELAZIONATO ALL'AZIONE. GLI UOMINI DI SUCCESSO STANNO SEMPRE IN MOVIMENTO. COMMETTONO ERRORI, PERO' NON SI ARRENDONO.** " Tieni presente che ognuno di noi è il risultato di quello che pensa. Perciò è importante seguire le persone di successo. Leggi libri scritti da coloro che hanno lottato e superato le difficoltà trasformandosi in veri leader. E come ha detto il grande filosofo greco Platone: **"IL PRIMA E LA MIGLIORE DELLE VITTORIE È LA CONQUISTA DI SE STESSO."** È tuo dovere , se desideri uscire dalla tua zona di comodità, nutrire la tua mente con messaggi elevati. È importante ricordare che per giustificare gli insuccessi della vita abbiamo sempre migliaia di scuse. L'uomo di successo non ha scuse. **"Le scuse appartengono ai perdenti** "Anonimo.

2. PRENDITI CURA DEL TUO CIRCOLO DI INFLUENZA:

Come ha affermato il grande Benjamin H. Bristol: **"IL TUO SUCCESSO DIPENDE MOLTE VOLTE DAL SUCCESSO DELLE**

PERSONE CHE TI CIRCONDANO" Allontana intorno a te tutte quelle persone tossiche.

Generalmente i tuoi problemi sono colpa delle persone che frequenti. È con questa gente che la tua mente si è nutrita. Elimina le persone NOCIVE, unisciti solo agli ottimisti che condividono i tuoi stessi interessi motivando e stimolando i tuoi pensieri.. Devi essere consapevole che le persone con piccoli desideri cercheranno di influenzarti e anche i tuoi desideri saranno piccoli, invece le persone con i grandi pensieri ti insegneranno a pensare in grande, e quindi ad essere eccezionale.

3. LA SALUTE, IMPORTANTE PER IL SUCCESSO:
Come dice la classica espressione latina: "Mens sana in corpore sano ", la cui traduzione è" Una mente sana, sta dentro un corpo sano "tratta da una delle poesie satiriche scritti dall'autore romano Decimo Junio Juvenil, a cavallo tra il I e il II secolo d.C., le antiche civiltà davano un gran valore e grande importanza alla formazione intellettuale, atletica e spirituale dell'individuo (mente, corpo e anima). Fu solo verso la fine del 1800 che l'espressione "Mens sana in corpore sano" iniziò ad essere utilizzata con il

fine di divulgare le moderne tecniche di ginnastica.

Per questo motivo, dovresti prenderti cura principalmente del sonno, degli esercizi e naturalmente della la nutrizione. Per quanto riguarda il dormire, dovresti dormire una media giornaliera di circa otto ore per consentire al tuo organismo di riprendersi dagli sforzi quotidiani; è importante che tu abbia un'attività fisica, cammina un'ora il giorno o per circa 10.000 passi; questo non solo ti farà bene al fisico ma anche la tua circolazione sanguigna sarà perfetta e armoniosa mantenendoti più giovane. Logicamente devi prenderti cura del tuo cibo, elimina tutti quegli alimenti e bevande già preparate per essere consumate.

Considera che una vita sedentaria con un cibo spazzatura e un cattivo sonn, sviluppa un umore depressivo che porta a un' AMN (Attitudine Mentale Negativa).

Dovresti essere consapevole che il tuo benessere mentale, fisico e spirituale influisce direttamente sulla tua Attitudine Mentale Positiva, e quindi, sul tuo successo.

4. NEI TEMPI PIÙ DURI RICORDA I TUOI SUCCESSI:

Come diceva Reggie Leach: "IL SUCCESSO NON È OTTENUTO PER COMBUSTIONE SPONTANEA. È NECESSARIO ACCENDERE IL FUOCO DENTRO DI TE. " Quando hai già un certo successo, questo ti stimola ad averne molti di più; non concentrarti sul negativo, ma unicamente nelle cose positive. Non dimenticare che il merito genera Fiducia e Fede, Fiducia e Fede generano l'Entusiasmo e con Entusiasmo avrai un' Attitudine Mentale Positiva che ti permetterà di conquistare il mondo. FORZA ALLA CARICA, TU PUOI!!!!

5. CERCA SEMPRE DI PARLARE IN PUBBLICO:

Questa pratica è fantastica, perché aumenta considerevolmente la fiducia in te stesso. Devi superare la paura. Non importa cosa tu faccia, l'importante è farlo. Non rifiutare mai di farlo quando ti invitano.

6. INTERVIENI NEI DIBATTITI:

Durante le conferenze se c'è un dibattito, intervieni. Devi esprimere senza paura le tue idee, non pensare mai che quello che dici non vale nulla, non evitare di esprimere il tuo pensiero per mancanza di fiducia in te stesso.

Non essere uno di quelli che dicono: "Non m'interessa". Tu Hai le tue opinioni, ma per paura non osi esprimerle. La tua opinione è c importante e rispettabile quanto quella degli altri. Non sottovalutarti. Vedrai che con il tempo la fiducia in te stesso crescerà.

7. SORRIDI:

Ricorda che i dottori dicono che quando una persona sorride muove circa diciotto muscoli; invece, solo circa otto quando siamo seri; quindi sorridi, ti terrà più giovane, inoltre lo creda o no, sorridendo stai inviando al cervello un messaggio che tutto va bene, questo automaticamente ti farà sentire meglio. Ricordiamo la frase di William James: "L'UCCELLO CANTA PERCHÉ È FELICE, MA È ANCHE FELICE PERCHÉ CANTA." Inoltre, ogni volta che sorridi la tua relazione con il prossimo sarà sempre eccellente.

Ricorda: "IL SORRISO È IL MODO PIÙ ECONOMICO PER MIGLIORARE IL TUO ASPETTO." "UN SORRISO SINCERO APRE MIGLIAIA DI PORTE."

8. PRENDITI CURA DEL TUO ASPETTO FISICO:

Stare bene all'esterno ti farà sentire bene dentro. È importante e molto utile come ti vesti e il tuo aspetto in generale; è importante che quello che tu metti ti faccia sentire bene. Quando ti senti bene ti sentirai più sicuro, e questo si rifletterà nel tuo comportamento, e senza dubbio il risultato sarà un comportamento molto più accattivante.

9. IMMAGINAZIONE:

Devi creare nella tua mente il ritratto di te stesso trionfante e non dovresti mai dimenticarlo. Non pensarlo mai che sei un frustrato. Il poeta latino Publio Ovidio Naso affermò: **"NON CERCARE DI FARLO, IMPEGNATI TOTALMENTE A FARLO."**

Ricorda che il potere di ciò che tu pensi è enorme; immagina sempre di avere successo, non preoccuparti delle difficoltà che sorgono al momento. Lascia volare la tua immaginazione a favore della tua visione, aiutata dalla tua Attitudine Mentale Positiva.

10. SII SEMPRE OTTIMISTA:

Quando un pensiero negativo appare nella tua mente pensa subito in qualcosa di positivo, cosi cancellerai e allontanerai il pensiero negativo.

11. NON LIMITARE I TUOI PENSIERI:

Annibale, condottiero cartaginese nel suo cammino attraverso le Alpi disse: **"TROVEREMO UNA STRADA, O IN CASO CONTRARIO LA FAREMO."** Non mettere ostacoli o limiti ai tuoi pensieri, ricorda che ciò che conta è pensare positivamente, in questo modo metterai in azione tutte le tue abilità ed energie che ti aiuteranno a superare tutti gli ostacoli per raggiungere il successo. **"IL CIELO È IL LIMITE "**, disse Wayne W. Dyer.

12. MANTIENI SEMPRE LA TUA PERSONALITÀ:

Non tentare mai di imitare altre persone, e non farti impressionare. Il suggerimento del ricercatore e professore universitario John Erskine è: **"IN POCHE PAROLE, UN LEADER È UN UOMO CHE SA DOVE VUOLE ANDARE, SI ALZA E VA "**. Sii autentico, sii te stesso e accettati con tutti i tuoi difetti e le tue virtù. Ricorda che tutti nel corso della vita hanno avuto grandi confusioni, e dubbi sulla capacità per superare gli ostacoli che li separavano dal successo.

13. GIORNALMENTE USA PAROLE POSITIVE:

Durante il giorno pensa costantemente in parole positive che ti aiuteranno a superare le difficoltà. Le parole positive diventano degli elementi appassionanti che rafforzano l'Attitudine Mentale Positiva.

14. CONTROLLA COSTANTE I TUOI PIANI:

Come ha detto il grande ammiraglio Richard E. Byrd: **"DAI AL VENTO E ALLA MAREA L'OPPORTUNITÀ DI CAMBIARE."** Fai onestamente il bilancio delle tue abilità e capacità e mettile in pratica ogni giorno. In questo modo raggiungerai inevitabilmente il tuo obiettivo.

15. ABBI FIDUCIA IN TE STESSO:

Un eminente statista degli Stati Uniti proclamò: **"C'È SEMPRE UNO SPAZIO PER UN ALTRO NELLA CUSPIDE."** Sii fiducioso, senza cadere nella vanità e presunzione, nelle tue capacità di raggiungere i tuoi obiettivi e quindi il successo personale.

16. ALLONTANATI DA TUTTE LE PERSONE NOCIVE.

Come ho già indicato al punto due, frequenta solo le persone positive, e trova un buon mentore che possa aiutarti ad accrescere questa forza meravigliosa che è dentro di te: "LA FIDUCIA IN TE STESSO. " Aveva ragione Il magnate della comunicazione Ted Turner quando affermava: "TUTTA LA MIA VITA, LA GENTE MI HA SEMPRE DETTO CHE NON ERO IN GRADO DI FARLO. GRAZIE ALLA FIDUCIA CHE HO SEMPRE AVUTO IN ME STESSO HO SEMPRE AVUTO SUCCESSO. "

Ora devi sforzarti a mettere in pratica questi punti, allora vedrai il miracolo.

Non censurarti. Non essere troppo duro con te stesso. Ricorda la seguente equazione: Poco + Poco = Molto; a poco a poco, goccia dopo goccia, l'acqua scava la più forte pietra. La persona che pensa di poter ottenere qualsiasi cosa probabilmente ha ragione, come la persona che pensa di non poterlo fare.

Lascia che ti dica che quando raggiungi un obiettivo, tu ti sentirai più sicuro. La fiducia è una capacità che può essere acquisita fino a quando non diventa abitudine.

Pertanto suggerisco una delle migliori tecniche per ottenerla, ma prima voglio di nuovo ricordarti da dove viene questa mancanza di fiducia.

Ci sono molte ragioni che possono spiegarlo. Qui io Vi presento le due più comuni:

1.I tuoi pensieri sono negativi
Gli psicologi suggeriscono che durante il giorno piu del 50% dei nostri pensieri sono negativi; questi, provengono principalmente da esperienze negative passato e logicamente ci distraggono dai piani che abbiamo fatto per realizzare gli obiettivi.

Una cosa è certa, la mancanza di fiducia aumenta molto quando non provi a fare le cose. Quando ti paralizzi.

Meglio detto non è il fallire che sta distruggendo la tua fiducia ma è la mancanza di azione. I pensieri negativi e la paura diminuiranno la tua fiducia e le aspettative verso il tuo obiettivo diminuiranno. Ciò conduce al punto successivo.

2. Le tue aspettative sono negative:

Generalmente alimenta aspettative negative circa un obiettivo, perché così non rimarrai deluso se fallisci nel tentativo; invece, rimarrai piacevolmente sorpreso se hai successo.

Questo modo di agire non è il modo migliore, perché Ti prepara già al fallimento.

Come abbiamo già detto, la fiducia, la fede e l'entusiasmo, camminano insieme e sono importanti nello sviluppo della tua Attitudine Mentale Positiva che ti trasformerà in un vincitore.

Molte persone di successo hanno usato queste semplici regole e hanno costruito la fiducia necessaria per avere successo.

Sii un vincitore, te lo meriti. Come ha detto il professore ed esperto di leadership Stephen R. Covey: **QUANDO LA FIDUCIA È ALTA, LA COMUNICAZIONE È FACILE, ISTANTANEA ED EFFICACE.**

Vuoi diventare la persona che hai sempre desiderato?

Devi sapere e decidere con forza e fermezza quello che vuoi fare con la tua vita. Poi poniti un obiettivo e progetta il piano per ottenerlo.

Usa l'enorme potere che è dentro di te. Sviluppa la tua Attitudine Mentale Positiva e migliora la tua personalità. Sii gentile e disponibile con gli altri. Infine, concentrati intensamente nel realizzare il piano che hai progettato e sforzati di realizzarlo con tutto il tuo entusiasmo.

LA FEDE

"L'OTTIMISMO È LA FEDE CHE GUIDA AL SUCCESSO. NIENTE PUÒ ESSERE FATTO SENZA SPERANZA E FIDUCIA."

HELEN KELLER

La parola Fede deriva dal termine latino fides che definisce qualcosa in cui si crede. È anche il senso di certezza che si ha rispetto a un individuo o a qualcosa.

Inoltre la fede è la conferma di qualcosa di veritiero, e la validità di certe credenze. Ad esempio, i notai attestano la validità dei documenti.
è
La fede assieme alla fiducia sono il fondamento dell'entusiasmo. L'entusiasmo sviluppa un'Attitudine Mentale Positiva che aiuta a realizzare tutti i tuoi sogni. Ecco perché qualcuno ha detto: **"IL PERCORSO DEL SUCCESSO E DELLA FELICITÀ È UN PERCORSO AD ALTA VELOCITÀ PER QUELLI CHE SANNO DOVE CI SONO I LIMITI"**.

In effetti lo scopo della vita è che tutti possiamo avere una fantastica Attitudine Mentale Positiva che provoca l'Entusiasmo, il quale viene generato dalla fiducia in te stesso e dalla fede. L'obiettivo è essere una persona che cresce e contribuisce a creare un mondo migliore.

Quando sei sicuro di te stesso è perché hai naturalmente sviluppato molta fiducia e fede, e, logicamente hai rafforzato la tua autostima, i tuoi scopi, i tuoi obblighi e, infine, hai molta fede in ciò che fai.

La fede insieme alla fiducia, come abbiamo detto, genera entusiasmo creando in voi l'atteggiamento mentale positivo; questa energia è necessaria per avere successo nella vita. Devi sempre tenere presente che tu sei la tua stessa energia che ti aiuta ad avere successo. Il desiderio di avere successo è la più grande motivazione che ti manterrà positivo, ed ottimista, rispetto all'obbiettivo che ti sei proposto. Essere entusiasta è contagioso. Ti si presenteranno molte opportunità che automaticamente ti allontaneranno da persone nocive e ti uniranno solamente a persone entusiaste come te. Mantieni sempre obiettivi concreti e sforzati per raggiungerli. È importante mantenere un equilibrio tra lavoro e tempo di riposo.
C'è una storia molto bella che spiega molto bene questo concetto: **"In una città c'era un boscaiolo che era così forte e abile nel tagliare alberi al punto che gli piaceva sfidare altri boscaioli della zona su chi avrebbe tagliato più alberi, e grazie alla sua abilità era sempre il vincitore. Un giorno arrivò un boscaiolo molto magro e vecchio che lo sfidò.**

Il giorno della competizione arrivò il boscaiolo che aveva sempre vinto, iniziò il suo lavoro come sempre, con forza ed entusiasmo. I colpi che dava agli alberi erano così forti che risuonavano in tutta la città.

Anche il vecchio sfidante iniziò con fiducia e fede, ma di volta in volta, di tanto in tanto, i colpi non erano abbastanza forti da poter essere uditi. Finita la competizione, la sorpresa fu che lo sfidante era il vincitore. Logicamente fu intervistato da tutti, qualcuno gli chiese perché di tanto in tanto i colpi non venivano sentiti e lo sfidante rispose che si prendeva una breve pausa per affinare l'ascia."

La morale: **ricorda di affinare la tua ascia**, prendersi del tempo per riposare e riguadagnare energia, e poi continuare sul percorso verso l'obiettivo.

Infine, pratica quotidianamente esercizi fisici per mantenerti in forma e, naturalmente, conservare la linea.

PREOCCUPAZIONE

"DI NORMA, GLI UOMINI SI PREOCCUPANO DI PIÙ DELLE COSE CHE NON POSSONO VEDERE CHE DI QUELLE CHE POSSONO"

JULIO CESAR

Gli psicologi affermano che il 70% delle preoccupazioni riguarda fatti che sono già accaduti. Il 18% fatti che non sono ancora accaduti. Il 9% fatti su cui non hai controllo e solo il 3% fatti su cui invece hai controllo.
Per questo non ti preoccupare, OCCUPATI.

Che cosa fare per eliminare l'abitudine di preoccuparsi? Prendi queste precauzioni:

01.- Dimentica di crederti indispensabile e poter portare tutto sulle tue spalle. Il mondo andrà avanti anche senza di te.

02.- Ama l'attività in cui sei impegnato, in caso contrario, prova a cambiare con qualcosa che ti piace, oppure prova a cambiare l'attitudine verso il tuo lavoro, allora ti sembrerà bello e diverso.

03.- Avere un piano annuale, mensile, settimanale e giornaliero per raggiungere i tuoi obiettivi. Un obiettivo senza un piano sarà solo un'illusione, non avanzerà mai. Invece con un piano ben progettato tutto sarà infinitamente più facile.

04.- Non cercare di fare tutto allo stesso tempo, concentrati sul fare una cosa alla volta.

05.- Ricorda: se pensi e credi che il tuo lavoro sia duro e noioso, così sarà. Se al contrario, mantieni un'Attitudine Mentale Positiva, tutto ti sarà più facile e più piacevole. C'è una storia al riguardo: **un viaggiatore entrò in una città e incontrò un vecchio al quale chiese: "come sono le persone in questa città?" Il vecchio rispose: "dimmi com'è la gente nella tua città". Rispose il viaggiatore: "Ostile, pettegola ,invidiosa." Il vecchio allora gli disse: "Anche qui le persone sono come dici tu." Il Viaggiatore andò via borbottando. Dopo un po' arrivò un altro viaggiatore e chiese allo stesso vecchio com'erano i cittadini; il vecchio gli chiese di nuovo com'erano i cittadini del luogo da cui lui proveniva e il nuovo viaggiatore disse: "Gentili, buoni ,altruisti". Allora il vecchio gli disse: "Queste sono le persone che troverai nella mia città".**
Morale: Troverai sempre quello che pensi.

06.- È importante essere disciplinati, fare le cose quando devi eseguirle, non rimandarle. Se accumuli, le cose

come dicono i cinesi, ogni giorno inizia con il primo passo.

Medita sul lavoro da svolgere, facendolo, ti appariranno grandi soluzioni che faciliteranno l'esecuzione dei tuoi compiti.

Infine, come ho detto all'inizio, il 70% delle preoccupazioni riguarda cose che sono già accadute. Il 18% cose che non sono ancora accadute, il 9% cose su cui non hai controllo e solo il 3% cose su cui hai il controllo.

Quindi non PREOCCUPARTI, MA OCCUPATI!!!

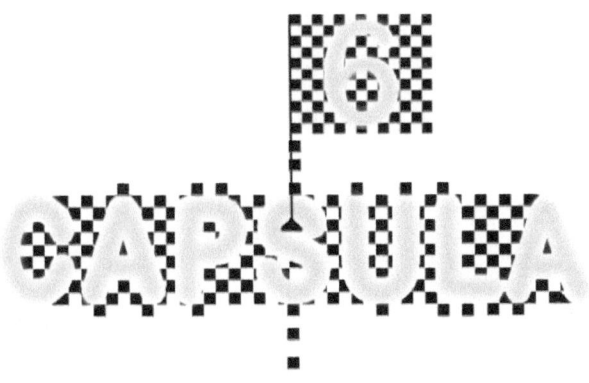

CAPSULA 6

ENTUSIASMO

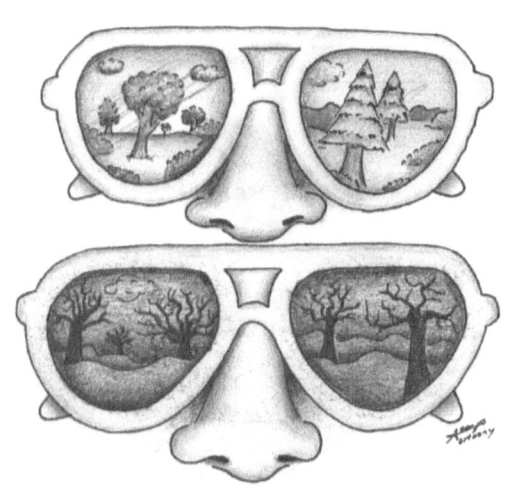

" LA VITA E' AFFASCINANTE, MA LA DEVI GUARDARE CON LE LENTI CORRETTE"

ALEJANDRO DUMAS

La parola "entusiasmo" deriva dal greco (In Theus) e il suo significato è: "Dio è dentro di te".

Anticamente si diceva che una persona entusiasta fosse catturata dagli dei che la guidavano dandole saggezza e forza, ecco perché la persona con entusiasmo può facilmente raggiungere i suoi obiettivi, l'entusiasmo la favorirà nella sua vita.

Per raggiungere ciò che desideri e avere una vita soddisfacente, è necessario l'entusiasmo. Quando hai l'entusiasmo, la tua vita sarà più fantastica e piena di felicità.

Con l'entusiasmo sarai in grado di affrontare e superare tutti gli ostacoli e raggiungere l'obiettivo desiderato.

Per giungere all'entusiasmo hai bisogno inevitabilmente di molta fiducia in te stesso e una fede senza limiti,; con esse otterrai l'entusiasmo che ti permetterà di raggiungere i tuoi obiettivi e ti renderai conto che vale la pena vivere la vita. Una vita con l'entusiasmo è piena di quei sapori, colori e note musicali che la distinguono da una vita apatica senza entusiasmo. L'entusiasmo è incredibilmente contagioso!

È importante per te essere entusiasta perché l'entusiasmo è quella forza che ti permette di raggiungere tutti i tuoi obiettivi. E come ha affermato il grande scrittore di testi di auto superamento Og Mandino: **"LE PERSONE RISPONDONO SEMPRE FORTEMENTE ALLA GIOIA E ALL'ENTUSIASMO"**.

È essenziale che tu abbia molta fede e fiducia in te stesso per realizzare tutto ciò che ti sei proposto, l'entusiasmo è anche la capacità di trasformare in fantastico e positiv, tutto ciò che ti circonda.

Non permettere mai che l'entusiasmo ti abbandoni perché è essenziale e necessario affinché la tua attività abbia sempre successo e sia della massima qualità.

L'entusiasmo è considerato una delle forze più preziose che possiede una persona e la distingue dagli altri. Mantenendo il tuo entusiasmo sarai sempre una persona ammirata e raggiungerai facilmente i tuoi obiettivi.

L'entusiasmo non si produce dopo aver raggiunto l'obiettivo, ma

è esattamente il contrario. L'entusiasmo è una chiave magica in grado di aprire qualsiasi porta.

L'entusiasmo è quell'energia che ti consente di distinguerti nel tuo comportamento. Se i tuoi obiettivi ti entusiasmano, t'impegnerai duramente per raggiungerli, e l'Attitudine Mentale Positiva crescerà fortemente, giacché hai un obiettivo che ti mantiene entusiasta.

L'entusiasmo è considerato l' energia più positiva, perché la persona che lo domina sarà motivata a svolgere il proprio compito nel modo più positivo possibile. In definitiva, l'entusiasmo è quella forza che ti consente di avanzare con successo verso il tuo obiettivo finale. L'entusiasta generalmente sorride tutto il giorno perché è felice e in precedenza abbiamo parlato dei benefici che otteniamo con il sorriso. Il sorriso è davvero un ingrediente potente, scatena una serie di cose meravigliose e ti conduce con successo al tuo obiettivo.

È necessario e importante che una persona abbia molta fiducia e fede in se stessa e nella capacità che possiede per essere in grado di ottenere tutto ciò che si propone, trasformando positivamente tutto ciò che ha intorno.

Se non sei entusiasta nel cammino verso il tuo obiettivo, nessuno lo sarà per te, e se i tuoi obiettivi non stimolano, rivedili e cambiali!! ti

Ora voglio condividere con te dieci passi che ti aiuteranno a raggiungere il successo mantenendo un eccellente entusiasmo.

• Vivi sempre con molto entusiasmo, così ti sentirai un uomo molto felice.

• Devi essere molto chiaro sugli obiettivi che desideri raggiungere

• Lavora con l'immaginazione, ricorda che un'idea potrebbe cambiarti la vita.

• Abbi fiducia e fede in te stesso e nelle tue capacità.

• Se desideri, sinceramente e ardentemente avere successo, allora si stabilirà in te l'abitudine di raggiungere il successo.

• Dedicati con tutta la tua forza al raggiungimento degli obiettivi, senza preoccuparti delle critiche, ostacoli o difficoltà.

• Abbi grande rispetto per te stesso e per gli altri.

- Usa sempre parole gentili, così aumenteranno i tuoi amici.

- Ricorda che attirerai ciò che pensi.

- Sei ciò che pensi e sarai ciò che vuoi essere.

Non immaginare che il successo sia irraggiungibile, vivi e agisci, come se tu fossi già una persona di successo.

Senza dubbio avrai sperimentato che durante i periodi in cui la tua vita è gioiosa e positiva, affronti i giorni con un entusiasmo spontaneo Invece, quando si presenta qualche difficoltà, il nostro entusiasmo sprofonda. È in questo momento che dobbiamo rinvigorire l'entusiasmo e quindi avere quella forza interna che inspiegabilmente ci permetterà di superare le difficoltà.

Come diceva Jack Nicklaus, ex campione di golf: **"CREDO FERMAMENTE CHE UN UOMO DA' IL MEGLIO DI SE' QUANDO FA QUELLO CHE VERAMENTE GLI PIACE!"** Inoltre il grande filosofo greco Socrate affermava: **"PER TROVARE TE STESSO, PENSA PER TE"**.

Pensa: come è possibile che persone intelligenti e laboriose non abbiano ottenuto nulla? Invece, dove arriveranno le persone che trasmettono entusiasmo, lavorano sodo, e amano veramente la loro attività? Queste senza dubbio raggiungono l'obiettivo che si sono prefissato.

Chiaro ,l'intelligenza è necessaria ed è molto importante, però, se non hai l'entusiasmo, sarà molto difficile ottenere ciò che desideri nella vita.

Ecco, però, alcune regole che ti potranno aiutare:

•Un'Attitudine Mentale Negativa provoca cambiamenti disastrosi ai tuoi piani e ritarda il tuo successo.

• Per ottenere la vittoria è necessario pianificarla in anticipo.

• Ricorda, sei l'architetto della tua vita.

• Prepara un buon piano d'azione.

• L'atteggiamento nei confronti della vita determinerà che tipo di esistenza avrai. Mantieni sempre un forte Attitudine Mentale Positiva.

• Il successo non arriva per caso.

• Ricorda: per raggiungere il successo devi sempre percorrere il cammino con sincerità e onestà senza imbrogli.

Infine, evita di preoccuparti per paura, delusione o tristezza, perchè queste ti fanno perdere la fiducia e la fede, e di conseguenza l'entusiasmo. Con la perdita

dell'entusiasmo perdi l'Attitudine Mentale Positiva necessaria per avere successo ed essere un Vincitore.

Devi ricordare che per avere un'Attitudine Mentale Positiva oltre alla seguente formula; **Entusiasmo = Fiducia + Fede**, sono necessarie altre caratteristiche importanti come la Perseveranza e la Disciplina, pilastri essenziali per mantenere un'Attitudine Mentale Positiva.

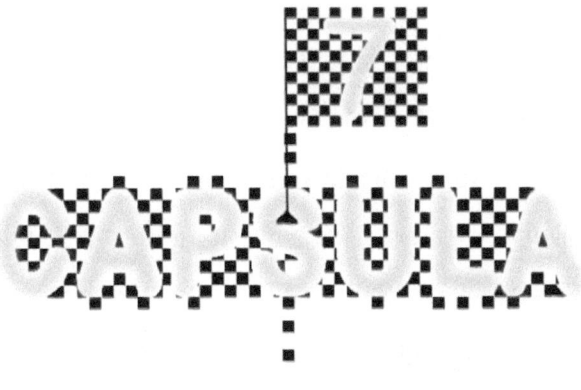

CAPSULA 7

PERSEVERANZA

"IL SEGNO ESSENZIALE CHE DISTINGUE UN UOMO DEGNO DI CHIAMARSI TALE È LA PERSEVERANZA IN SITUAZIONI AVVERSE E DIFFICILI".

BEETHOVEN

Il termine "perseveranza" deriva dalla parola latina "perseverantia" che significa costanza, sicurezza e tenacia. Così sarà quando tu con fermezza e impegno raggiungerai i tuoi obiettivi. Non a caso lo scrittore inglese William Shakespeare affermava: "SE UN UOMO E' COSTANTE, SARÀ PERFETTO." E il grande poeta tedesco Johann Wolfgang Von Goethe proclamò: "CON TUTTE LE FORZE CONTRO, PERSEVERARE. MAI PIEGARSI. ESSERE FORTI ATTRAE L' AIUTO DEGLI DEI!". Pertanto, se ti sforzi di raggiungere un obiettivo, senza curarti degli ostacoli e delle difficoltà incontrate e delle volte che sei caduto, tu sei una persona perseverante. Qualcuno ha detto: "SE CADI SETTE VOLTE, RISOLLEVATI OTTO".

Sfortunatamente oggi nel mondo, in cui vogliamo che le cose siano fatte rapidamente e che i risultati siano immediati, la virtù della perseveranza è stata dimenticata dagli uomini. In effetti, quando abbiamo davanti a noi una sfida che richiede uno sforzo maggiore, l'atteggiamento della maggioranza è tentare e, al primo ostacolo, abbandonare cercando mille scuse per il nostro fallimento. Per fortuna, ci sono ancora persone perseveranti che si dedicano al raggiungimento di grandi obiettivi. Per questo motivo

Thomas A. Edison durante numerosi tentativi nell'invenzione della lampadina elettrica dichiarò: **"NON HO FALLITO: HO SCOPERTO MILLE E DUECENTO MATERIALI CHE NON SERVONO."**. E continuò dicendo: **"C'È UN MODO PER FARLO MEGLIO: TROVARLO"**.

Se iniziamo ad analizzare tutti i grandi uomini di scienza, politici, esploratori, ecc. ad esempio: "Alula, Enki, Mitra, Archimede, Socrate, Platone, Alessandro Magno, Giulio Cesare, Giustiniano, Gesù, Maometto, Marco Polo, Leonardo da Vinci, Galileo Galilei, Erik il Rosso, Vasco de Gama, Cristoforo Colombo, Enrico Fermi, Nikola Tesla e Wernher von Braun" solo per citarne alcuni, tutti hanno raggiunto grandi risultati grazie alla grande

perseveranza che avevano per raggiungere gli obiettivi che si erano prefissati, superando i limiti del loro corpo e della loro mente.

diventano più complicate e difficili, e il tuo obiettivo si allontanerà da te. Al contrario, quando fai le cose al momento giusto, tutto sarà più facile e più divertente, raggiungerai rapidamente il tuo obiettivo.

07.- Analizza sempre il lavoro da svolgere, se lo fai, vedrai che ti appariranno soluzioni che faciliteranno la realizzazione dei tuoi compiti.

Ricordati che, dopo un fallimento, se hai la forza di ricominciare, avrai sicuramente successo, solo tu sei responsabile della tua vita.

Il grande allenatore di football americano Vince Lombardi ha ammonito i suoi atleti nel modo seguente: "È FACILE SENTIRSI FIDUCIOSO ED ESSERE DISCIPLINATO QUANDO SEI UN VINCITORE, UN NUMERO UNO. MA DEVI MANTENERE LA STESSA FIDUCIA E DISCIPLINA ANCHE QUANDO NON STAI VINCENDO"

D'altra parte, se hai un piano da seguire, tutto diventa infinitamente più facile. Non cercare di fare tutto allo stesso tempo, c'è sempre il momento per fare tutto,

Disciplina

"LA DISCIPLINA È L'UNIONE TRA GLI OBIETTIVI E I RISULTATI"

JIM ROHN

La parola "disciplina" deriva dalla latina disciplina, derivata da discipulus, che etimologicamente significa accettare di imparare.

La disciplina è la capacità delle persone di svolgere una serie di attività quotidiane relative alle loro specialità professionali e personali, con ordine e fermezza.

La disciplina è la capacità di controllare gli impulsi che cercano di allontanarti dagli obiettivi sia personali che professionali, dandoti il piacere di raggiungere i tuoi obiettivi. Per questo motivo, la disciplina è molto importante per l'uomo di successo, poiché lo aiuta a raggiungere traguardi ardui.

La disciplina, quindi, è una virtù che ti dà la capacità di condurre una vita ordinata in base ai tuoi obiettivi.

La disciplina deve essere insegnata al bambino a casa dai genitori, e ha delle regole come quando andare a letto, quando mangiare, come curare l'igiene personale, e altri argomenti concernenti il comportamento in casa e fuori di casa.

VINCITORI VS. PERDENTI

"BEN FATTO È MEGLIO DI
BEN DETTO"

ANONIMO

Perché ci sono tante persone che non riescono a trionfare quando la vita ci offre così tante opportunità di fuoruscire dalla mediocrità? Il problema è che i falliti rimandano tutto al domani, si lamenteranno sempre di tutto e non sono mai soddisfatti; sono abituati ad attribuire agli altri la responsabilità di tutto il male che accade a loro, non hanno iniziativa, e lasciano che gli altri prendano le decisioni per loro, non hanno nessun interesse ad aggiornarsi, sono fantastici improvvisatori quando sono costretti a prendere decisioni, non amano correre rischi e sperano che tutto vada bene. Questo modo di agire è generalmente dovuto a una serie di paure, come ad esempio: timore del fallimento, orrore della critica, spavento del ridicolo, panico di fronte alle responsabilità e, infine, terrore dell'ignoto. Tutte queste paure sono un cocktail mortale per il successo personale.

Al contrario, se analizziamo i vincitori, vediamo che hanno principi completamente diversi: hanno sempre obiettivi chiari, fanno piani precisi per raggiungerli, affrontano con entusiasmo ostacoli e sempre alla ricerca di soluzioni, si preparano costantemente, agiscono con rispetto verso gli altri, cercano sempre tutti i mezzi per raggiungere il fine, s'impegnano per i loro obiettivi, si impongono disciplina e cercano sempre le opportunità senza avere il timore di sbagliare.

C'è una storia molto bella che ci insegna quali sono gli ingredienti più utilizzati dai vincitori:

" **Un famoso miliardario degli Stati Uniti pubblicò il seguente avviso su un giornale: il 30 febbraio 2030 alle ore 20:00 nella grande sala da ballo del Fantasy Hotel, il miliardario tal de tali, darà una conferenza su "COME DIVENTARE MILIONARIO" prezzo di entrata alla conferenza $ 100,00**

Tutti si precipitarono a comprare il biglietto d'entrata. Arrivato Il giorno della conferenza, alle 6:30 la sala era già piena. Tutti erano felici e nervosi allo stesso tempo, erano ansiosi perché volevano che la conferenza iniziasse al più presto. Alle ore 20,00 l'oratore non era ancora apparso, ore 20:30 e ancora niente, il pubblico stava già sussurrando molto nervoso, arrivarono le ore 21:00 e nulla. Il mormorio del pubblico stava diventando sempre più forte. Alle 21:15, vestito in modo impeccabile ed elegante, l'oratore apparve sul palco, tutto il pubblico sollevò un'ovazione, Il miliardario ringraziò e si

è scusò immediatamente per il ritardo. Nella grande sala si fece un profondo silenzio.

Lui iniziò chiedendo se tutti i presenti avessero un foglio e una penna e volle un'alzata di entrambe le mani che mostrasse il foglio e la penna. Tutti, con soddisfazione, alzarono entrambe le mani. Quindi, proseguì il miliardario, scrivete il primo punto. Tutti furono entusiasti di ricevere questa raccomandazione che avrebbe trasformato la loro vita, e furono pronti, con impazienza, a scrivere ciò che avrebbe detto il miliardario.
Il miliardario, con voce di tuono, disse: " punto primo LAVORARE !!!! "

Dopo qualche secondo disse, con una voce ancora più forte: "Il secondo punto LAVORARE !"
Infine aggiunse: "e terzo punto LAVORARE !!!!! "
Si voltò e scomparve dietro il sipario.

Morale: per appartenere alla categoria dei vincitori devi LAVORARE, LAVORARE E LAVORARE FORTE!
Perciò corri al LAVORO, l'unico antidoto alla povertà.

Continuando, voglio condividere con te una lettera scritta da un politico nord americano il quale diceva: "**IL MERITO APPARTIENE ALLA PERSONA PRESENTE NELL'ARENA CON IL VISO INTRISO DI POLVERE, DI SUDORE E DI SANGUE, A CHI LOTTA CORAGGIOSAMENTE, A CHI HA SBAGLIATO PIÙ DI UNA VOLTA, MA CONOSCE I GRANDI ENTUSIASMI, LE GRANDI DEVOZIONI E SI DÀ A UNA CAUSA NOBILE, A COLUI CHE NEL SUO MOMENTO MIGLIORE RICORDA I SUOI TRIONFI E NELLE ORE PEGGIORI, SE FALLISCE ALMENO LO FA SOLAMENTE DOPO AVER CERCATO TENACEMENTE DI NON RITROVARSI TRA QUELLE ANIME INDIFFERENTI E TIMIDE CHE NON HANNO CONOSCIUTO MAI NÈ LA VITTORIA NÈ LA DISFATTA**".

Il famoso allenatore di football americano Vincenzo Lombardi durante una conferenza ha dichiarato: **"LA DIFFERENZA TRA UNA PERSONA DI SUCCESSO E GLI ALTRI, NON È LA MANCANZA DI FORZA O CONOSCENZA, MA LA MANCANZA DI VOLONTÀ"**.

Infine condivido alcune caratteristiche che differenziano i vincitori dai perdenti: "

- Il vincitore fa sempre parte della risposta.
- Il perdente è sempre parte del problema
- Il vincitore ha sempre un programma
- Il perdente ha sempre una scusa.
- Il vincitore dice: "lasciami fare".
- Il perdente dice: "Questo non fa parte del mio lavoro".
- Il vincitore vede una soluzione per ogni problema.
- Il perdente vede un problema in ogni soluzione.
- Il vincitore dice: "Potrebbe essere difficile ma è possibile".
- Il perdente dice: "potrebbe essere possibile ma è molto difficile"

SII UN VINCITORE !!! Il grande poeta romano VIRGILIO affermò: **"POSSONO PERCHÉ PENSANO CHE POSSONO."**

Infine, la differenza tra successo e fallimento è sapere come riconoscere l'opportunità.

*Il filosofo cinese Confucio disse: **"IL NOSTRA MAGGIORE GLORIA NON SI BASA SU NON AVER FALLITO MAI, MA NELL'ESSERCI RISOLLEVATI OGNI VOLTA CHE SIAMO CADUTI"**.

I PROBLEMI

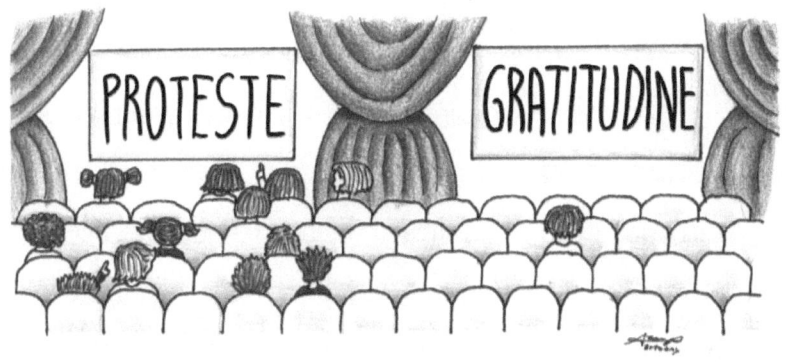

"LA MAGGIOR PARTE DELLE GENTE PERDE PIÙ TEMPO ED ENERGIA A PARLARE DEI PROBLEMI CHE AD AFFRONTARLI"

HENRY FORD

I problemi sono gli spaventapasseri della gente, incolpati da tutti come la causa principale di tutti gli insuccessi. Dovresti essere più onesto e riconoscere che non sei preparato ad affrontarli perchè, manchi dell'Attitudine Mentale appropriata. Se avessi l'adeguata Attitudine Mentale Positiva, quando si presentono i problemi non dovresti aver timore, potresti affrontarli con entusiasmo e così dimostreresti le tue capacità.

Il buon leader deve, inoltre, possedere: personalità, entusiasmo, perseveranza, volontà e una grande capacità di capire cosa sta succedendo. Il leader d'eccellenza deve capire il cambiamento e più ancora essere disposto a cambiare. Deve saper accettare i cambiamenti con entusiasm, e avere sempre un sorriso sulle labbra con una permanente motivazione. L' ottimista non vive nel passato, si sta costruendo il futuro. I leaders eccezionali riconoscono il potere della loro mente e la sfruttano per dirigersi verso il loro obiettivo.

Devi sapere che la maggior parte dei problemi deriva da decisioni non prese, quindi è importante essere disciplinati nelle proprie attività quotidiane, non rimandare ciò che dovrebbe essere fatto subito, evitando così che sorgano i problemi.

Quando si presenta un problema, molte persone si spaventano e si sconvolgono, non capiscono che, con questo atteggiamento non risolvono il problema, al contrario, lo aumentano trasformandolo in uno ancora più grande. Quando ti trovi di fronte ad un problema non farti prendere dal panico, mantieni la calma e analizzalo con serenità ma con fermezza, mantenendo sempre con energia un'Attitudine Mentale Positiva.

Grazie alla comparsa dei problemi sarai in grado di dimostrare il tuo coraggio e la tua forza per risolverli e ottenere le opportunità che li sottendono . Inoltre ringrazia l'apparizione dei problemi perché fanno parte della vita, al contrario dovresti preoccuparti quando non li hai perché significa che sei morto.

Come ho già spiegato nella precedente capsula, tutti i problemi che stanno sotto il tuo controllo hanno le loro soluzioni; alcuni si risolveranno da soli, altri avranno bisogno di un po' di attenzione e altri ancora si risolveranno con il tempo, Però ci sarà sempre una soluzione. Non sprecare il tuo entusiasmo, la tua energia o il tuo tempo cercando di risolvere problemi che sono al di fuori della tua portata. Dedicati con tutto il tuo entusiasmo ad affrontare quelli le cui soluzioni sono nelle tue mani.

Ricorda, i problemi fanno parte della vita, dovresti preoccuparti quando non li hai perché significa che sei morto.

Mantieni sempre un'Attitudine Mentale Positiva molto forte poiché ti aiuterà a trasformare il negativo in positivo e raggiungere così il successo nella tua vita.

Bod Dylan ci dice: **"UN UOMO SI CONSIDERA UN TRIONFATORE SE, DAL MOMENTO CHE SI SVEGLIA AL MOMENTO CHE SI CORICA PER DORMIRE, HA FATTO CIÒ CHE VERAMENTE VOLEVA".**

ZONA DI CONFORT

"LA VITA INIZIA DOVE FINISCE LA TUA ZONA DI CONFORT"

ANONIMO

Ti sei chiesto perché le persone non vogliono uscire dalla zona di confort a rischio di rimanere intrappolati nella mediocrità? Perché la maggior parte delle persone ha paura di fare i cambiamenti necessari.

C'è una storia che ci fa capire perché dobbiamo uscire dalla mediocrità:

" Ci sono due monaci buddisti : un vecchio maestro e un giovane apprendista che stanno camminando attraverso le montagne dell'Himalaya prima della notte. I due arrivano a una casetta, bussano alla porta e un uomo apre. I monaci chiedono se possono passare la notte nella sua casa. L'uomo li fa entrare e li invita a condividere la cena che stava consumando con la sua famiglia. A cena il vecchio monaco chiede all'uomo come facessero a vivere in una zona così difficile. L'uomo risponde: "Abbiamo una mucca che mungiamo, del latte che ne estraiamo ne conserviamo una parte per uso personale, il resto lo vendiamo in una città vicina e con il ricavato compriamo altri oggetti necessari per la famiglia. Dopo cena il buon uomo offre loro una stanza per passare la notte.
All'alba i due monaci lasciarono il rifugio, silenziosamente, per continuare il viaggio.

Una volta usciti il vecchio monaco disse al giovane apprendista:" prendi la mucca e gettala in un burrone". L'apprendista guardò interdetto l'insegnante che ripeté nuovamente il comando. L'apprendista eseguì l'ordine e gettò la mucca nel burrone, naturalmente uccidendola. Dopo alcuni anni il giovane apprendista, diventato monaco, volle tornare nella vecchia casa per scusarsi. Arrivato sul posto ebbe una grossa sorpresa: nel luogo della casetta c'era una bellissima dimora che era al centro di una meravigliosa sistemazione residenziale. Il giovane monaco chiese a una giovane donna che stava uscendo da lì dove fosse la famiglia che viveva nella casetta che stava al posto del palazzo. Grande fu la sua meraviglia quando la giovane rispose che era ancora lì ed era la stessa famiglia che lo aveva ospitato tanti anni prima. La giovane donna gli raccontò che quella mattina, quando lui e il maestro se ne erano andati, si era accorta che la mucca era caduta in un burrone ed era morta. Allora, poiché suo padre era un eccellente falegname, aveva iniziato a costruire mobili che vendeva in tutto il paese e sua madre che era un'abile tessitrice aveva iniziato a tessere tessuti che vendeva anche lei in tutto il paese. Perciò, con i soldi guadagnati, erano stati in grado di pagare l'università

per lei e per suo fratello che si era laureato in ingegneria ed aveva ominciato a costruire case. Grazie alla morte della mucca la situazione economica aveva avuto un netto miglioramento.". Morale: se il vecchio maestro non avesse ordinato all'apprendista di gettare la mucca nel burrone, la famiglia, che si manteneva con la sola vendita del latte, non avrebbe dovuto affrontare le avversità superate invece con successo facendo appello alle conoscenze assopite.

Uno dei maggiori problemi in tutti gli aspetti della vita quotidiana è cadere nella routine e nelle comodità che abbiamo. Quando si ripetono costantemente e automaticamente le solite attività, l'apatia e la noia finiscono per influenzarle trasformando la tua vita e il tuo lavoro che oggi ti sembra grande e meraviglioso, con la routine quotidiana, diventa insignificante.

Anche questa situazione di falso confort può portarti, gradualmente, a soffrire di gravi problemi di salute come l'ansia. Ecco perché è importante tenere sempre la mente sveglia pensando alle opportunità che potresti ancora avere, solamente avendo il coraggio di uscire dalla zona di comfort.

Così succede, come abbiamo detto in precedenza, che qualcosa di cui eravamo appassionati e affascinati, finisce per trasformarsi in un lavoro che odiamo. E tutto perché non abbiamo avuto il coraggio e la forza di rompere la routine, permettendo invece, alla noia e all'apatia di stabilirsi nella nostra mente. Puoi cambiare questa situazione? Anche se non è molto semplice, puoi uscire dal confort solo fissandoti nuovi obiettivi. Per questo è necessario apportare in anticipo piccole modifiche.

A volte confondiamo quella pigrizia che ci assale all'ora di lavorare con la stanchezza e il desiderio di non fare nulla, perdiamo così di vista del nostro obiettivo e crediamo che tutto non funzioni perché, in realtà, ciò che abbiamo già fatto e raggiunto ci fa sentire appagati. Vedere oltre la zona di comfort può causare paura dell'ignoto, di sbagliare, di fallire o dei commenti e questo ci fa pensare di essere già sistemati. Il primo passo per uscire da questa situazione è iniziare ad automotivarci cercando nuovi obiettivi che ci appassionino.

Motiva te stesso, Il metodo più semplice per uscire dalla zona di confort è motivandoti con nuovi obiettivi che ti daranno nuove e eccitanti sfide permettendoti di superare questo stato di conformità in cui ti trovi.

È necessario che sia capace di fare costantemente cambiamenti positivi, perché i cambiamenti sono l'unico modo possibile per uscire dalla tua zona di comfort, causa principale del perché molta gente non raggiunge il successo.

Comprendi che per arrivare ovunque e non rimanere dove sei, devi fare il primo passo. Come dice il vecchio detto cinese: **"UN LUNGO VIAGGIO INIZIA CON IL PRIMO PASSO"**.

Alla maggior parte delle persone piace stare nella propria zona di comfort generalmente per uno dei seguenti motivi:

- Per ignoranza
- Incomprensione
- Autostima molto bassa
- Attitudine negativa.

Al contrario, se sviluppi fede e fiducia in te stesso, allora genererai l'entusiasmo, e con l'entusiasmo avrai una ottima Attitudine Mentale Positiva che ti aiuterà a trasformare i problemi in sfide e a non vederli mai come ostacoli.

Devi cristallizzare i tuoi obiettivi, sviluppare un piano e fissare una scadenza per raggiungerlo, quindi con la massima sicurezza e intelligenza realizzerai il tuo progetto.

Ricorda che anche il picchio deve il suo successo al fatto che usa la testa, colpendo fortemente l'albero senza fermarsi, finché non termina il lavoro che ha iniziato.

Non c'è via di mezzo, ogni individuo per tutta la vita dovrà decidere se unirsi alle persone di success, o se rimanere nella sua relativa comodità, restando bloccato nella mediocrità.

Quindi abbi il coraggio di lasciare la tua zona di comfort e otterrai il successo tanto desiderato. ABBI CORAGGIO !!!!! che il vero successo ti aspetta fuori dalla tua zona di confort.

Come posso uscire dalla Zona di Confort?

1) Accetta i cambamenti con entusiasmo.
2) Abbi un'immagine impeccabile di te stesso.
3) Sii gentile, cortese e amichevole.
4) Sforzati nel servizio che offri, e cerca sempre di rompere la routine.
5) Dà sempre qualcosa extra creando valore alla tua vita.
6) Sii costantemente motivato ed entusiasmato.
7) Unisciti sempre a persone positive.
8) Abbi molto carisma.
9) Trasmetti costantemente fede, speranza e ottimismo.

10) Ricorda che le persone con un forte Attitudine Mentale Positiva sono le uniche che costruiscono il futuro.

11) Una volta raggiunto un obiettivo, impostane immediatamente un altro.

Lo sapevi che il 72% delle persone nella loro vita subisce le cose perchè non ha la capacità di modellare le proprie idee?

Invece,l' 11% trasforma le idee in desideri senza far altro.

Circa il 6% trasforma i desideri in speranza e di tanto in tanto osa immaginare.

Il 5% trasforma questa speranza in credo e aspetta che succeda quello che vuole.

Invece il 4% cristallizza i desideri ,le speranze ed il credere in un desiderio ardente e infine nella fede.

Infine, solo il 2% organizza un piano per ottenere ciò che desidera e lo esegue applicando l'Attitudine Mentale Positiva

Quando deciderai di unirti a questo gruppo del 2% la parola "impossibile" non avrà senso per te, tutto sarà possibile, e raggiungerai il tuo obiettivo con il meritato successo.

Infine, il signor Garson Kanin ha commentato: **"LA PARTE MIGLIORE DELLA NOSTRA VITA È LA PARTE CREATIVA. CREDETEMI AMO IL SUCCESSO... MA, LA VERA ESALTAZIONE SPIRITUALE ED EMOZIONALE STA NEL FARE"**

IL POTERE

"QUANDO TRE PERSONE MARCIANO INSIEME, CI DEVE ESSERE UNO CHE COMANDA"

PROVERBIO MANCHÚ

Il potere deriva dal latino "posere", significa l'attitudine e l'abilità che un individuo possiede per compiere una certa azione. In altre parole, avere le condizioni e la capacità di svolgere un'attività nei tempi previsti.

La parola potere generalmente si riferisce all'autorità che una o più persone devono usare per svolgere un compito o un lavoro.

La poetessa e giornalista Ella W. Wilcox dichiarò: "CI SONO DUE TIPI DI PERSONE SULLA TERRA: QUELLI CHE VANNO IN ALTO, E QUELLI CHE SI INCHINANO"

Ecco alcuni suggerimenti che hanno permesso a molte persone di successo, di sviluppare il potere facendo un duro lavoro con facilità:

1.- Non pensare che sia essenziale fare tutto, non sforzarti di farlo, condividi le responsabilità.

2.- Devi avere un piano per raggiungere il tuo obiettivo, se non hai un piano, non raggiungerai mai il tuo obiettivo.

3.- Il tuo obiettivo deve essere di tuo gradimento, altrimenti se non è di tuo gusto, l'obiettivo diventerà qualcosa d'irraggiungibile. È molto meglio che cambi il tuo atteggiamento nei confronti del tuo obiettivo se vuoi raggiungerlo, ma se seguita a non piacerti, allora devi cambiare il tuo obiettivo.

4.- Non pensare che si possa fare tutto in una volta, fai una cosa alla volta. Esempio: Se sei nella savana africana e hai fame, trovi un elefante morto di recente, puoi soddisfare la tua fame? Certo! Però inghiottirlo per intero non puoi, ma puoi mangiarlo, boccone a boccone. Questo è il modo in cui si deve vivere la vita, giorno per giorno.

5.- Affronta il tuo obiettivo con un'Attitudine Mentale Positiva, così lo vedrai facile e divertente e puoi facilmente raggiungerlo.

6.- Aver competizione ti stimolerà e sarà più facile per te raggiungere il tuo obiettivo.

7.- Con disciplina, tranquillità, calma ed entusiasmo, puoi facilmente raggiungere l'obiettivo.

8.- La disciplina e l'ordine sono molto important; come dice l'adagio "non lasciare a domani quello che puoi fare oggi".

Prova a utilizzare questo metodo e vedrai quanto facilmente e rapidamente puoi raggiungere i tuoi obiettivi.

Il famoso scrittore romantico tedesco Jean Paul Gaultier dichiarò: **"DOPO IL POTERE, NON C'È NULLA DI PIÙ PIACEVOLE DEL SAPERE DI AVERE DOMINIO SUL SUO USO".**

LA ECCELLENZA

"L'ECCELLENZA È UN LAVORO DI
TUTTI I GIORNI."
ANÓNIMO

L'eccellenza, senza limitazioni, è qualcosa che si costruisce ogni giorno senza riposo. Essere una persona eccellente richiede un lavoro costante perché si tratta di migliorare continuamente le tue qualità. Se pensi che l'eccellenza sia importante per te, è essenziale che la pratichi intensamente tutti i giorni senza riposo.

Viene considerata una persona eccellente quella che migliora continuamente tutte le sue qualità: lavoro, famiglia, fisico, cultura spirituale e sentimentale ecc. Come già affermato, il processo per essere eccellente non finisce mai, perché puoi sempre essere migliore.

La persona eccellente non è migliore delle altre, vuole solo superarsi.

La persona eccellente è quella che ogni giorno cerca di fare del suo meglio sforzandosi, con tutte le sue energie, di raggiungere il suo obiettivo.

Il grande filosofo greco Aristotele affermò in merito all'eccellenza : **"L'ECCELLENZA È UN'ARTE QUE SI ACQUISTA IN BASE A ISTRUZIONE E PRATICA. NON AGIAMO CORRETTAMENTE PERCHÉ ABBIAMO ECCELLENTI**

VIRTU', MA SIAMO VIRTUOSI PERCHÉ PROCEDIAMO CORRETTAMENTE. SIAMO QUELLO CHE RIPETIAMO COSTANTEMENTE. L'ECCELLENZA NON È UNO SCOPO È UNA ABITUDINE.

Un'altra cosa importante è che l'eccellenza non ha nulla a che fare con il successo, è quella qualità che ti permetterà di vivere la tua vita in modo fantastico. E come ha detto il famoso romanziere Pearl Buck: **"IL SEGRETO DELLA FELICITÀ SUL LAVORO È RACCHIUSO IN UNA PAROLA: ECCELLENZA. SAPERE COME FARE QUALCOSA DEL GENERE È GODERNE"** Solo cercando di perfezionare tutto ciò che fai arriverai all'eccellenza in tutte le tue attività.

Fare le cose a metà, fermarsi al primo ostacolo, condurre una vita non molto interessante e produttiva, comportarsi come se nulla e nessuno importassero, sono comportamenti strani. Il contrario di chi cerca l'eccellenza personale.

 Ecco alcuni suggerimenti per aiutarti nella tua ricerca dell'eccellenza.

1-. Per raggiungere la eccellenza devi esigere molto da te stesso, altrimenti rimarrai dove sei sempre stato. Solo quando smetti di essere pigro e abbandoni il tuo livello di comfort, inizierai a pregustare l'eccellenza.

2-. Ripetendo costantemente le tue buone azioni troverai l'eccellenza. Perciò, inizia subito senza indugio.

3-. Il cattivo carattere mina il tuo percorso verso l'eccellenza.

4-. Come abbiamo già detto, l'eccellenza è un processo continuo che serve ad eliminare le abitudini negative, sostituendole con quelle positive.

5-. Devi conoscere te stesso per scoprire tutti i tuoi punti deboli ,logicamente i tuoi punti di forza.

6-. Per essere eccellente devi cercare di essere ogni giorno migliore.

7-. Sii onesto con te stesso, perché solo così puoi riconoscere i tuoi punti deboli e i tuoi punti forti.

8-. L'invidia e l'orgoglio sono nemici dell'eccellenza.

Eccellente è quella persona che ha un' abilità fuori dal comune. Quindi la persona eccellente svolge perfettamente tutti i suoi compiti senza scuse sul perché non siano stati eseguiti. A tal proposito il grande filosofo greco Aristotele esclamò: "SAPPIAMO COSA FACCIAMO PIÙ RIPETUTAMENTE. L'ECCELLENZA NON È UN ATTO, MA UN' ABITUDINE."

Per tutti questi motivi, devi fare del tuo meglio con molta disciplina e fede per diventare una persona eccellente e, inevitabilmente, di successo. È necessario sviluppare una disciplina di ferro che,con una buona razione di fede, otterrà l'entusiasmo necessario a forgiare una personalità di successo e , senza dubbio, ti trasformerà in una persona eccellente e di successo.

Come tutte le persone eccellenti devi avere obiettivi chiari e, naturalmente, sviluppare un piano d'azione per raggiungerli saltando ogni ostacolo senza paura. Non preoccuparti degli ostacoli, perché, come abbiamo detto prima: **"Sono quelle cose orribili che vedi quando distogli lo sguardo dei tuoi obiettivi "**.

Cerca sempre di essere il numero uno nel fare cose straordinarie, fai sempre tutto il possibile, non limitarti nelle tue responsabilità e, quindi, tutto sarà straordinariamente eccellente.

È molto importante prepararsi costantemente perché devi capire che oggi il mondo è completamente diverso e le persone sono più preparate di un tempo. Essendo un uomo eccellente, devi cancellare dai tuoi pensieri tutte le idee di fallimento. Pensa sempre che tutto è possibile! Qualcuno ha detto: **"LA DIFFERENZA TRA IL SUCCESSO E L'INSUCCESSO STA NEL COME RICONOSCERE LE OPPORTUNITÀ."**

Ti troverai costantemente di fronte a grandi opportunità che sembrano problemi insolubili.

L' ho citato nelle pagine precedenti, il grande Henry Ford inventore della catena di montaggio nell'industria automobilistica ha affermato: **"L'INSUCCESSO È L'OPPORTUNITÀ PER INIZIARE DI NUOVO CON PIÙ INTELLIGENZA"**.

Sii eccellente, perché sempre, dopo un fallimento, devi avere la forza di rialzarti e quindi avrai sicuramente il meritato successo. Solo tu sei responsabile della tua vita.

Il poeta romano Ovidio, nato a Sulmona in Italia il 20 marzo dell'anno 43 avanti Cristo, scrisse: **"NON FARLO PER NIENTE O LANCIATI COMPLETAMENTE A FARLO!"**

IL SUCCESSO

"RIUNIRSI È L'INIZIO, MANTENERSI UNITI È PROGRESSO, LAVORARE UNITI È UN SUCCESSO "

HENRY FORD

Il successo deriva dalla parola latina "exitus" che significa fine. Per questo motivo Emerson ha esclamato: **"IL SUCCESSO CONSISTE NELL'OTTENERE QUELLO CHE VUOI, GODENDOTI QUELLO CHE OTTIENI."**

Ti sei chiesto che cosa è realmente il successo? Generalmente quando sentiamo la parola" successo" pensiamo solo alle persone che hanno soldi. Questo non è vero, la persona che raggiunge i suoi obiettivi indipendentemente dal fatto che siano redditizi o meno è una persona di successo. Ad esempio, una casalinga che compie in modo eccellente le sue funzioni ha successo. Anche una madre che insegna e guida i suoi figli ha successo. Anche l'insegnante che lavora con i suoi alunni ha successo. Potremmo fare un elenco infinito di persone che hanno successo senza ricevere denaro.

Come disse lo scrittore Camilo Cruz: **"IL SUCCESSO È UN VIAGGIO NON UN DESTINO".** In realtà il successo si costruisce ogni giorno e ciò che dobbiamo imparare è vivere nel successo.

Il grande scrittore Napoleon Hill, avvocato e giornalista,

nel suo libro **La chiave del successo** Diceva: "ANDARE VERSO IL SUCCESSO INIZIA CON UNA DOMANDA: DOVE ANDIAMO? UN OBIETTIVO PRECISO È IL PUNTO DI PARTENZA DI TUTTI I RISULTATI; L'OSTACOLO MAGGIORE DEL NOVANTOTTO PER CENTO DELLE PERSONE È SEMPLICEMENTE NON SAPER DEFINIRE I PROPRI OBIETTIVI ".

In effetti, se analizzi le persone che hanno raggiunto il successo, ti renderai conto che avevano obiettivi a breve, medio e lungo termine, con un piano ben progettato per raggiungerli. Tutti loro hanno dedicato gran parte del loro tempo e dei loro sforzi per ottenerli. Se hai un obiettivo ben definito, un piano ben progettato e un desiderio ardente, con disciplina, fede ed entusiasmo, raggiungerai inevitabilmente il tuo obiettivo.

Il successo non si misura dalla posizione che hai raggiunto nella vita, ma da tutti gli ostacoli e difficoltà che hai saputo superare cercando di trionfare.

In realtà ci sono solo tre tipi di persone: "**Quelli che si adoperano perchè le cose succedano, quelli che** osservano solo ciò che accade e quelli che si chiedono cosa è successo?" Con quale di questi tre gruppi ti identifichi? Tanto più lavorerai tanto più otterrai successi. Devi avere molta fiducia in te stesso perché è il più importante dei requisiti per raggiungere maggiori successi. Inoltre, devi avere una forte autostima con cui otterrai risultati fantastici.

Henry David Thoreau, filosofo e scrittore  nordamericano, ha così parlato del successo: **"IL SUCCESSO ARRIVA SOLTANTO A QUELLI CHE SI PREOCCUPANO DI CERCARLO."**

Un'altra cosa da tenere a mente è che la paura scoraggia la maggior parte delle persone, più di ogni altra cosa perchè distrugge la fiducia in se stesso. La fiducia e la fede sono i pilastri insostituibili e necessari per sviluppare l'entusiasmo e, di conseguenza, una fantastica Attitudine Mentale Positiva che ti sospingerà inevitabilmente al successo.

Al grande analista comunicazionale Mark Caine fu chiesto cosa pensasse del successo. Questa la sua fantastica risposta:

"IL PRIMO PASSO VERSO IL SUCCESSO E' QUANDO TI RIFIUTI DI STARE PRIGIONIERO DELL'AMBIENTE IN CUI TI TROVI"

Il successo è quella forza che ti permette di realizzare i tuoi sogni.

Il famoso Og Mandino, qualificato come uno dei più grandi scrittori del nostro tempo, ha scritto nel suo libro, **Il più grande successo del mondo: "SONO CONVINTO CHE QUI SULLA TERRA LA VITA È UN SOLO GIOCO, UN GIOCO IN CUI NESSUNO DEVE PERDERE. NON IMPORTA QUALE SIA IL TUO PROBLEMA O LA TUA CONDIZIONE. CREDO CHE TUTTI POSSIAMO GODERE DEI FRUTTI DELLA VITTORIA, PERO' SONO SICURO CHE, COME NEGLI ALTRI GIOCHI, NESSUNO PUÒ PARTECIPARE A QUESTO MISTERIOSO ATTO DI VIVERE SPERANDO DI RAGGIUNGERE**

LA META SALVO CHE NON COMPRENDA ALCUNE REGOLE MOLTO SEMPLICI"

Ecco alcune delle semplici regole per trasformare i tuoi sogni in realtà e ottenere così il successo:

RICORDA: i tuoi pensieri determineranno il tuo destino. La precisione nel pensiero che riguarda l'atto del ragionamento dal particolare al generale, dal particolare all'universale, si basa sull'esperienza e sulla prova da cui muovi le tue esperienze positive.

RICORDA: ciò che pensi non avrà alcun valore se non agisci.

RICORDA: Rimuovi tutti i pensieri negativi dalla tua mente.

RICORDA: dà libero sfogo alla tua immaginazione.

RICORDA: mantieni un obiettivo ben definito e concentrati sul suo raggiungimento. Qualunque cosa la mente possa concepire e credere, la mente può raggiungerla quando ha e applica un Attitudine Mentale Positiva.

RICORDA: sostituisci la tua immagine e agisci come la donna, o l'uomo che vuoi essere.

RICORDA: lavora sodo seguendo un piano progettato per raggiungere l'obiettivo perché porterà al successo.

RICORDA: risparmia almeno il 15% delle tue entrate.

RICORDA: libera il genio creativo che hai dentro di te, lascia correre la tua immaginazione, non limitarla mai.

RICORDA: abbi una personalità gentile con il tuo prossimo, non fare agli altri quello che non vuoi che facciano a te.

RICORDA: dà sempre di più di quello che puoi, utilizzando la seguente formula Q+Q +AM (Qualità del servizio svolto + Quantità del servizio svolto + Attitudine mentale con cui è eseguito) = Compensazione.

RICORDA: Molta iniziativa personale oltre ad essere

contagiosa, riesce dove altri falliscono. L'iniziativa personale crea lavoro, opportunità, futuro e progresso,

RICORDA: Conserva sempre un'Attitudine Mentale Positiva, questa prepara le condizioni che intervengono al successo. Mantieniti in buona salute, sia fisica che mentale. Indipendenza finanziaria, tranquillità mentale e fede fanno scomparire la paura che fiacca il tuo vigore. La longevità si ottiene grazie ad una vita ben equilibrata. Non autolimitarti. Abbi la saggezza di comprendere te stesso e gli altri.

RICORDA: molto entusiasmo aumenterà l'intensità del tuo pensiero e della tua immaginazione: acquisirai un tono di voce piacevole e convincente, ridurrai la monotonia del lavoro, avrai una personalità più attraente, otterrai fiducia in te stesso, rafforzerai la tua salute mentale e fisica, costruirai la tua iniziativa personale, supererai più facilmente la fatica mentale e fisica, trasmetterai il tuo entusiasmo agli altri.

RICORDA: Precisione dell'obiettivo. Autodisciplina e controllo delle emozioni. Autosuggestione per raggiungimento dell'obiettivo. Forza di volontà attivata e diretta verso il tuo obiettivo. Attenzione controllata. Iniziativa personale. Visione creativa. Fede applicata.

RICORDA: il lavoro di squadra fa funzionare tutti i tipi di organizzazioni, dalla famiglia alla religione, alla politica, ecc.

RICORDA: Qualcuno ha affermato che il successo è: **"L'ABILITÀ DI PASSARE DA UN ROVESCIO ALL'ALTRO, SENZA PERDERE L'ENTUSIASMO, FINO AL RAGGIUNGIMENTO DEL SUCCESSO".**

Impariamo dai nostri rovesci: Il fallimento ci insegna a togliere le cattive abitudini, ci dà forza per un nuovo inizio con piu esperienza. La sconfitta sostituisce la vanità e l'arroganza con la semplicità, spianando la strada a relazioni più armoniose. La sconfitta ti spinge a fare un inventario delle tue capacità e responsabilità sia fisiche che spirituali. La sconfitta fortifica la tua forza di volontà e ti sfida a fare uno sforzo maggiore.

RICORDA: La creatività è essenziale per creare organizzazioni poderose, non importa quanto sia dura la lotta, così sarai in grado di condividere il successo.

RICORDA: È necessario mantenere una buona salute fisica e mentale: il tuo corpo e la tua mente sono uno, uniti a tutti gli effetti, un corpo-mente a sua volta unito con la natura.

RICORDA: dedica tempo e denaro per avere obiettivi precisi. Scopri anche come gestire le risorse a tua disposizione. Esamina ogni idea prima di adottarla o scartarla. Impara a correre rischi e assumiti le responsabilità .Principalmente impara dai tuoi errori.

Lo scrittore, oratore e umorista americano Mark Twain una volta disse: **"ENTRO VENTI ANNI SARAI PIÙ DELUSO**

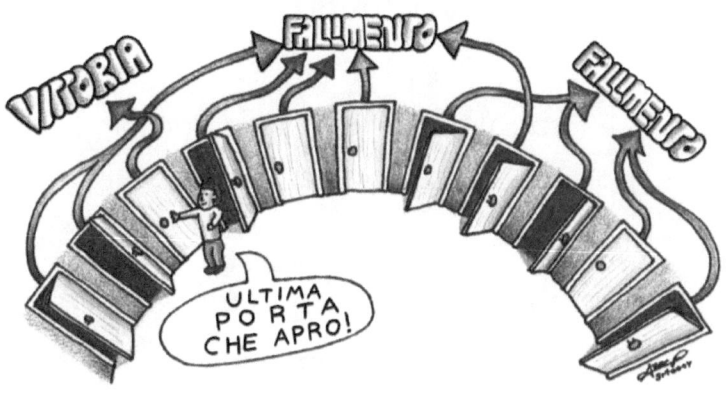

PER LE COSE CHE NON HAI FATTO, CHE PER QUELLE CHE HAI FATTO. INIZIAMO A NAVIGARE LONTANO DA PORTI SICURI, CATTURA I VENTI ALISEI,, ESPLORA, SOGNA E SCOPRI."

Come abbiamo detto prima, per raggiungere IL successo è molto importante quello che pensi. Non a caso il grande filosofo Henry David Thoreau in un'occasione dichiarò: **"CIÒ CHE PENSA UN UOMO DI SE STESSO DETERMINA, O MEGLIO INDICA, IL SUO DESTINO"**.

INFINE CHE CARATTERISTICHE DEVONO AVERE LE PERSONE DI SUCCESSO:

BELLA PRESENZA: gli uomini di successo si distinguono nel momento in cui si presentano per il loro modo di vestire che irradia fiducia in tutti i presenti.

ECCELLENZA: sono eccellenti per natura e sono orgogliosi della loro professione e dei servizi che offrono.

FIDUCIA: trasmettono molta fiducia ai loro collaboratori e alle persone in generale. Come puoi avere la stessa fiducia? Devi esercitarti ogni giorno così otterrai sempre più fiducia.

INCANTO: le persone di successo con la loro simpatia guidano i loro collaboratori.

ENERGIA: la maggior parte delle persone di successo capisce di vivere in un mondo in cui ci sono molte persone che non hanno alcun interesse.

MOLTISSIMO DESIDERIO PER OTTENERE IL SUCCESSO. Questo è qualcosa che non può essere misurato. Solo tu puoi misurare i tuoi desideri: più sacrificio sopporti determinerà quanto desiderio hai veramente. Sapere anche quali sono le tue paure. Identificandole le puoi attaccare e oltrepassare.

COME MANTENERE L'ENTUSIASMO DI FRONTE AI FALLIMENTI: ci sono persone che sono entusiaste solo quando le cose vanno bene; invece le persone di successo mantengono sempre il proprio ENTUSIASMO. Sono ottimisti sulla vita, felici e irradiano ottimismo. Quando falliscono, lo dimenticano rapidamente e continuano a mantenere il loro entusiasmo.

INTERESSE E PIACERI: gli uomini di grande successo s'interessano delle persone che li servono. Questo è un modo divertente di vivere. E si godono le loro ricchezze in vacanza in compagnia della loro famiglia.

QUANDO SONO RESPINTI NON SE LA PRENDONO, non ne fanno un caso personale, al contrario cercano di aumentare il loro entusiasmo tanto da portare ad un'approvazione automatica da parte di tutti.

INVESTONO NELLA PREPARAZIONE, E NELLO STUDIO CONTINUO DI NUOVE TECNICHE. Tutto ciò che vuoi cambiare nel tuo ambiente, lo realizzerai modificando le tue capacità. Essendo più preparato grandi cose succederanno intorno a te.

Il successo è relativamente facile, richiede solo un paradigma di campione. Siamo ciò che pensiamo di essere. I nostri pensieri modellano il nostro destino. Cambiando il nostro modo di pensare, il nostro criterio di agire cambia; quindi, sviluppando un'Attitudine Mentale Positiva permanente, ci disponiamo a costruire una vita piena di successo e grande soddisfazione.

Le qualità di un vero campione sono: capacità, gentilezza, metodologia, produttività, eccellenza, ottimismo, novità. Come puoi vedere sono tutte qualità indispensabili per essere un uomo di successo.

Come ha detto il campione di 8 anni Luis Roberto García, campione del mondo della Federazione Internazionale di Bicicrós, quando è stato intervistato: "**L'UNICA COSA CHE HO FATTO È PEDALARE, PEDALARE! MI SENTIVO MOLTO BENE E SAPEVO CHE AVREI VINTO. PER QUESTO NON GUARDAVO AI LATI, NON MI PREOCCUPAVO DI QUELLI CHE VENIVANO DIETRO DI ME, SAPEVO CHE IL MIGLIOR MODO PER VINCERE ERA CONCENTRARMI SU QUESTA PROVA.**"

In altre parole, c'è una grande differenza tra ciò che sei in grado di fare con il minimo sforzo, e ciò che potresti ottenere con passione. Raggiungeresti il successo tanto desiderato. Fa sempre un lavoro di eccellenza, questo è il miglior modo per raggiungere il successo. Inoltre aumenterai anche la fiducia e la fede in te stesso, quindi, l'entusiasmo con cui svolgerai le tue attività con eccellenza.

L'attore americano Woody Allen una volta pronunciò la seguente frase: " **NON CONOSCO LA CHIAVE DEL SUCCESSO, PERO' SO CHE LA CHIAVE DEL FALLIMENTO STA PRONTA AD ACCONTENTARE A TUTTI.**"

Ecco dieci metodi per avere il successo con gli altri:

1. L'uomo di successo è sempre sincero, principalmente con i suoi dipendenti. Le menzogne possono distruggere la fede e la affidabilità nei tuoi confronti da parte del gruppo.

2. L'uomo di successo non è arrogante e non si crede superiore agli altri.

3. L'uomo di successo si comporterà sempre con semplicità e sarà sempre pronto ad aiutare gli altri.

4. L'uomo di successo, agisce con sincerità ed è sincero quando parla e si esprime verso gli altri senza offenderli.

5. L'uomo di successo non giudica nessuno.

6. L'uomo di successo sa che il rispetto è importante nelle relazioni umane, quindi rispetta per essere stimato.

7. L'uomo di successo è sempre pronto a sorridere e usa risposte stupende.

8. L'uomo di successo è sempre pronto ad ascoltare con interesse tutti, solo allora potrà comprendere i veri bisogni delle persone che lo circondano.

9. L'uomo di successo è una persona sempre felice, che irradia e trasmette entusiasmo a tutti quelli che lo circondano.

Og Mandino nella sua opera: "Verso un successo illimitato" diceva: **"COSA PUÒ RAPPRESENTARE PER UN ESSERE UMANO IN PIENA DEPRESSIONE, SOPRAFFATTO DAL FALLIMENTO E SENZA IL DESIDERIO DI VIVERE, IMPROVVISAMENTE GETTARSI IN UN PERCORSO PIENO DI SODDISFAZIONI? E INASPETTATI TRIONFI? QUESTO È COME RISUSCITARE UN MORTO!". IL MOTIVO È CHE LE CAPACITÀ PERSONALI DELL'INDIVIDUO SONO INSOSPETTABILI, IL GRANDE STIMOLO DELLA VITA E DELLA FEDE NON HA**

FRONTIERE, LE IDEE PROPUGNATRICI SONO INNUMEREVOLI, L'AMORE, IL VALORE, L'INTELLIGENZA E LA SALUTE DI CUI UN UOMO PUO' GODERE, SONO ILLIMITATI. "

Alla fine ho fatto del mio meglio per presentarti gli aspetti più importanti del successo. E come ha scritto lo scrittore F. Artur Clark nel suo libro, **Your Passport to Success:** "MA NON ASPETTARE MIRACOLI. NON TROVERAI MAGIA, MISTICISMO NE' SEGRETI OSCURI E PROFONDI IN QUESTE PAGINE. NON ESISTE NESSUN MISTERO PER IL SUCCESSO. È SEMPLICEMENTE UN MODO PRATICO DI CONOSCERE E AGIRE".

LEADERSHIP

"CHI NON SA OBBEDIRE NON PUO' ESSERE UN BUON LEADER"

ARISTOTILE

Il Leader è quella persona che attraverso le sue azioni e parole riesce a motivare un gruppo per raggiungere un obiettivo comune.

Fa le cose bene, non cercare scuse per spiegare il perché non si possono fare, inoltre comprendi che con una forte autodisciplina ti formerai un carattere da trionfatore. Devi sempre essere pronto a elaborare un piano d'azione per raggiungere gli obiettivi desiderati, nonostante le circostanze. Inoltre abbi la capacità di sollevarti ogni volta che fallisci. Sii sempre disposto a fare uno sforzo extra rispetto a tutto ciò che fai, comprendi che i tempi sono più complicati e che solo con intelligenza, volontà e preparazione porterai la tua ditta al successo. Elimina dal tuo vocabolario la parola "Non posso", mai dovresti arrenderti ma capire che sei il solo responsabile del successo o dell'insuccesso della tua compagnia.

Una ditta brillante proiettata nel futuro e in cerca di successo, deve avere Leaders motivati, preparati, impegnati, disponibili, entusiasti, appassionati e con una forte Attitudine Mentale Positiva.

Ken Blanchard nel suo libro "Leadership ai massimi livelli" definisce la leadership nel modo seguente; **"IL PROCESSO DI RAGGIUNGERE VALORI E RISULTATI AGENDO CON MOLTO RISPETTO, CURA E GIUSTIZIA, PER IL BENE DI TUTTI GLI INTERESSATI."**

Affinché un gruppo umano si sviluppi, richiede un Leader che sa valutare e, logicamente, ha la capacità di prendere decisioni per gli interessi del gruppo che rappresenta.

Via via che la tua capacità migliora occuperai posizioni più alte, è allora che dovrai dimostrare ancor di più le tue capacità. Dimostra che meriti questa nuova posizione e adattala a te.

Il mondo appartiene alle persone che sono in grado di dare il 150% di ciò che ci si aspetta. Dà molto di più di quello che gli altri si aspettano da te. Dimostrerai che vali molto più di quanto guadagni.

Per essere un leader devi imparare a pensare in grande,

per aspirare a ricevere in abbondanza. Inoltre, devi avere molta iniziativa e creatività e robotismo.

L'iniziativa è fare bene ciò che deve essere eseguito, senza necessità che te lo dicano.

La Creatività serve a scoprire modi migliori di fare le cose, applicarli ed eseguirli.

Il robotismo è impiegare un sistema per compiere la stessa azione in modo meccanico e ripetitivo, fino a raggiungere la perfezione nel sistema utilizzato per raggiungere l'obiettivo del gruppo.

Inoltre, devi ottimizzare le tue capacità e risorse, in questo modo arricchirai la tua vita e, naturalmente, la tua attività.

Imparando a fare qualcosa di diverso ogni giorno la vita sarà molto più piacevole.

Fa le cose con grandezza, supera il livello delle tue aspirazioni e la dimensione delle tue capacità.

Qualcuno ha detto: **"OGNUNO E L'ARCHITETTO DEL PROPRIO DESTINO, COSTRUISCILO SUBITO !!!! DOMANI SARÀ TROPPO TARDI. "**

Se non vuoi essere un Leader di successo, applica immediatamente i seguenti principi:

1. Rinvia tutto a domani.

2. Lamentati costantemente.

3. Incolpa gli altri per i tuoi fallimenti.

4. Non prendere mai decisioni, lascia che gli altri le prendano per te.

5. Stà lontano da tutti, non avere nessuno intorno.

6. Non leggere, non studiare, resta nella tua ignoranza.

7. Prendi tutti i successi per te stesso, non condividerli con gli altri.

8. Sii un improvvisatore avvezzo a non pianificare mai.

9. Non correre rischi.

10. Aspetta e credi che tutto funzionerà per te

" I VERI LEADERS FANNO IL CONTRARIO"

I Leaders sono esseri così straordinari che nulla può disturbare la pace dei loro pensieri, hanno buona salute e parlano costantemente di felicità e prosperità con tutti. Mantengono sempre una forte Attitudine Mentale Positiva osservando sempre il lato positivo delle cose. Pensano solo al meglio lavorando sodo per ottenere sempre i migliori risultati. Si rallegrano sinceramente per il successo degli altri come se fosse il loro. Inoltre dimenticano rapidamente gli errori del passato e pensano solo all'obiettivo futuro. Sono sempre felici e sorridono a tutti ispirando fiducia.

I veri Leaders sono concentrati unicamente sui loro obiettivi e cercano continuamente di migliorare i risultati che avranno un impatto positivo sull'intera organizzazione.

I veri Leaders sono generosi, sono nobili nelle loro azioni e pensieri, nello stesso tempo sono molto forti e non hanno paura di affrontare le prove più dure.

Molti di noi sprecano gli anni aspettando tempi migliori o ricordando momenti passati invece di lavorare oggi per un miglior presente. Molti dicono: **SE AVESSI VISSUTO IN TEMPI MIGLIORI, SE VIVESSI IN UNA MIGLIOR CASA O IN UN PAESE MIGLIORE, SE AVESSI UN'ATTIVITA' MIGLIORE, O UN LAVORO MIGLIORE!!** Ricordare tutto questo non serve a niente perché ieri è già passato e il domani ancora deve arrivare, oggi è ciò che conta. Concentrati su cosa fare oggi e riceverai tutto il successo che meriti. Vivi intensamente d'ora in poi.

Il grande problema dei Leaders falliti è che vivono nel passato, si nutrono di risentimento e invidia e, ovviamente, con tale atteggiamento, dimostrano di non amare se stessi.

Nessun può prendere decisioni per te, solamente tu può farlo. In ogni istante della tua vita devi essere deciso. Agisci immediatamente ma correttamente.

Quando un Leader, durante le sue attività, si trova di fronte delle difficoltà, non può e non deve demoralizzarsi, al contrario, deve imparare da ogni insuccesso e trasformare le difficoltà in opportunità, perché le cose sono come le vedi. Il Leader sa che ogni opportunità che supera lo rafforza sempre di più.

Il leader di successo sviluppa una forte fiducia in se stesso che, insieme alla fede, aumenterà il suo entusiasmo e l'entusiasmo aumenterà l'Attitudine Mentale Positiva. Ecco perché il filosofo greco Aristotele dichiarò: **"SIAMO QUELLO CHE FACCIAMO OGNI GIORNO; PERCIÒ LA LEADERSHIP D'ECCELLENZA NON È UN ATTO, MA UN' ABITUDINE."**

Per essere un Leader di successo devi conoscere molto bene tutti i membri del tuo gruppo e ascoltare le loro preoccupazioni, ovviamente, sapere come prendere le decisioni più corrette, e quando commetti un errore, devi riconoscerlo e imparare dall' errore commesso senza avere paura di fare le necessarie modifiche per il benessere di tutto il gruppo.

La Leadership non è facile: il Leader deve assumersi la responsabilità delle decisioni corrette o errate che prenderà per guidare il su gruppo. Questo è il motivo per cui il grande maestro cinese Lao Tzu disse: **"PER DIRIGERE LA GENTE DEVI STARE INSIEME A LORO"**. Con quest'affermazione il grande maestro Lao Tzu ci insegna l'importanza di considerare e conoscere tutti i membri della nostra organizzazione. Inoltre, il maestro e filosofo Confucio ha anche affermato: **"IL BUON LEADER SA CHE COSA SIA LA VERITÀ; IL CATTIVO LEADER SOLAMENTE SA COSA SI VENDE MEGLIO"**.

Questo dimostra l'importanza di saper motivare e non manipolare i membri del gruppo. Un vecchio proverbio cinese dice: **"LE ANATRE SELVAGGE SEGUONO IL CAPO GRUPPO PER LA FORMA DI VOLARE, E NON PER IL GRACIDARE"**. Per questo è meglio dare il buon esempio e non imporsi con inganno o peggio ancora maltrattando i membri del gruppo.

Si riconosce il vero Leader quando ci sono situazioni complicate perché sa come mantenere sempre motivato il suo gruppo applicando valide strategie per risolvere i problemi che si presentano. Ecco perché il grande drammaturgo poeta dell'antica Roma Ovidio disse: **"CHIUNQUE PUO' TENERE IL TIMONE QUANDO IL MARE È CALMO"**.

Il grande errore di molti leaders è che credono che la Leadership debba servire solo i propri interessi e non quelli del proprio gruppo dimenticando, inoltre, che tutti i membri del gruppo devono essere rispettati e trattati equamente.

Ancora una volta dobbiamo sapere che la Leadership non è una posizione di comando, al contrario, la

Leadership è una posizione di servizio per aiutare i membri del gruppo a raggiungere l'obiettivo comune. Per questo ragione James Humes ha dichiarato: **"L'ARTE DELLA COMUNICAZIONE È IL LINGUAGGIO DELLA LEADERSHIP"**. Questo è il motivo per cui il Leader deve interagire costantemente con tutti i membri del suo gruppo per comprendere le difficoltà e le paure che hanno, avere la capacità di confortarli e motivarli a raggiungere l'obiettivo comune.

Il Leader deve essere una persona che deve trovare rapidamente soluzioni ai problemi che sorgono e guidare il suo gruppo a raggiungere l'obiettivo desiderato. Inoltre, il vero Leader sa scegliere collaboratori in grado di svolgere il lavoro necessario per raggiungere l'obiettivo pianificato e deve possedere il controllo adeguato per non interferire nel corso della sua esecuzione. Il Leader è una persona instancabile, incurante delle difficoltà presentate dalla prova, lotta instancabilmente con il gruppo, supera tutte le difficoltà fino a quando non hs raggiunto l'obiettivo.

Condivido con te i principi che non dovrebbero mancare a un vero Leader:

1) Il Leader deve sempre pensare in grande.

2) Il Leader deve avere dimestichezza con quello che succede intorno a lui.

3) Il Leader deve essere in grado di trovare il tempo anche quando non c'è.

4) Il Leader deve essere fedele alla sua organizzazione.

5) Il Leader deve essere in grado di cercare l'opportunità per condurre il suo gruppo al successo.

6) Il Leader deve essere sempre disposto a dare più di quello che ci si aspetta da lui.

7) Il Leader deve essere sempre presente.

8) Il Leader deve avere sempre idee nuove ed eccellenti.

9) Il Leade: deve sempre prendersi cura della sua immagine sia in pubblico sia in privato.

10) Il Leader deve essere molto discreto nei suoi commenti.

11) Il Leader deve sempre avere idee chiare per sapere dove andare,

12) Il Leader deve circondarsi di persone fantastiche.

13) Il Leader deve imparare altre lingue.

14) Il Leader deve sempre fare un lavoro eccellente.

15) Il Leader dovrebbe sempre cercare di imparare anche dagli altri.

16) Il Leader deve essere un'ottimista per eccellenza e saper ottimizzare le tattiche.

17) Il Leader deve dimostrare le sue capacità di direzione con ottimi risultati.

18) Il Leader deve costantemente avere il valore di

provare nuove strategie, per il beneficio del gruppo e della sua ditta.

Il medico, filosofo e teologo franco-tedesco Albert Schweitzer affermò in merito alla direzione quanto segue: **"L'ESEMPIO NON È LA COSA PRINCIPALE PER INFLUENZARE GLI ALTRI. È L'UNICA COSA"**. Come abbiamo detto all'inizio, il Leader è quella persona che, attraverso il suo esempio, guida il suo gruppo verso un obiettivo determinato, nell'interesse comune di tutti i membri dell'organizzazione cui appartengono.

La grande sfida del Leader in questo secolo è importante e decisiva: l'essere umano vive oggi in un mondo ricco e generoso che offre molte più opportunità di quelle che può mettere a profitto L'essere umano è nato per combattere e stabilire obiettivi ma è destinato a rimanere sempre insoddisfatto. Sapevi che nessun essere umano ha mai raggiunto il limite del proprio potenziale? Gli scienziati affermano che solo poche persone usano il 20-30% del loro potenziale intellettuale.

La maggior parte dei Leaders deve investire tempo e denaro per scoprire le proprie qualità.

Per prepararti a essere un Leader devi avere una buona opinione di te stesso; se hai un'opinione negativa ogni decisione che prenderai sarà piena di paure e dubbi. Il mondo è pieno di persone che hanno tutti gli attributi necessari per la Leadership, ad eccezione della fiducia in se stessi.

La fiducia in te stesso è uno dei più importanti attributi necessari per sviluppare le capacità di direzione situate dentro di te. Attenzione se ti consideri un incompetente, fallirai senza rimedio; i risultati di una cattiva opinione di te stesso si vedranno in una Leadership debole che ti condurrà, senza dubbio, al disastro e con questo diventerai acido e invidioso.

Come puoi migliorare la tua immagine? Devi corregger il modo di pensare. Il potenziale che possiede un essere umano è illimitato; l'uomo che scopre il suo vero valore, scoprirà la sua vera immagine.

Per prepararti alla Leadership devi possedere una forte auto motivazione. Quando si perde la motivazione, si perde il desiderio di lavorare in modo creativo.

Ci sono tre ragioni che impediscono di realizzare una Leadership personale. La prima è la **paura**: l'essere umano sente una profonda paura dell'ignoto. Il secondo motivo è **l'indecisione**: una persona che ha mantenuto certi atteggiamenti per anni troverà difficile cambiarli in una nottata. La terza ragione è la **mancanza d'informazioni**: alcune persone non cambiano semplicemente perché non sanno quale decisione prendere, non hanno la minima idea dei cambiamenti necessari.

Coloro che vogliono sviluppare una Leadership personale devono iniziare con pensieri mirati. Se non sei totalmente soddisfatto del progresso avuto, però ti senti in grado di avere risultati migliori, è perché i tuoi obiettivi non sono chiaramente definiti e non hai cristallizzato le idee perciò non sai nè dove ti trovi nè dove vuoi andare.

Il Leader deve avere piani e scadenze scritte per

raggiungerli; i piani scritti ti aiutano a evitare le distrazioni e a misurare il tuo progresso e superare la pigrizia che frena l'azione e la ristagna p.

Per raggiungere la leadership è necessario sviluppare una fervida voglia di raggiungere ciò che desideri. La differenza tra un obiettivo e una semplice aspirazione eè che il desiderio ti spingerà a mettere in azione i piani. Senza di esso nulla sarà realizzato.

Il Leader deve avere assoluta fiducia in se stesso e nelle sue capacità; per acquisire questa fiducia non c'è niente di meglio che avere un'idea molto chiara delle azioni che vuole intraprendere. La semplice esistenza di un piano d'azione scritto ti farà sentire molto più sicuro e fiducioso per conseguire il successo desiderato.

Il Leader deve possedere la capacità di saper prendere con fermezza le decisione piu idonee per adattarle al suo piano, indipendentemente dalle circostanze, dalle critiche, o da ciò che gli altri dicono, pensano, o fanno.

Troppe persone permettono che sulle decisioni da loro prese ci siano interferenze esterne; però chi vuole raggiungere la direzione di un settore non può permettere di essere influenzato e tanto meno corretto. Seguendo i consigli della gente comune si ottengono solo risultati comuni.

Qualunque sia il tuo piano per domani, per il prossimo mese o per la prossima settimana, DOMANDATI:

UNO: ho cristallizzato le mie idee in modo da sapere cosa voglio ottenere, inoltre, so perfettamente, dove sono rispetto al mio obiettivo?

*DUE: ho un piano scritto, dettagliato e una scadenza per compierlo?

TRE: Ho un ardente desiderio di raggiungere l'obiettivo che mi ero prefissato?

QUARTO: Ho assoluta fiducia in me stesso e nelle mie capacità di raggiungere i miei obiettivi?

QUINTO: ho preso la decisione irremovibile di andare

avanti, indipendentemente da ciò che gli altri dicono, pensano o fanno?

SE LA RISPOSTA A TUTTE QUESTE DOMANDE È UN "SÌ" ROTONDO, NON SEI SOLO PRONTO A SVOLGERE UNA FORTE LIDEARSHIP, SEI GIÀ DESTINATO AL SUCCESSO!

PER SVILUPPARE UNA LEADERSHIP PERSONALE DEVI

AVERE OBIETTIVI CHIARI:

PRIMO: gli obiettivi devono essere ciò che vuoi veramente raggiungere o che vuoi diventare. Non puoi semplicemente compilare una lista di obiettivi che hai messo insieme per impressionare le persone.

SECONDO: Il leader deve esprimere i suoi obiettivi in modo positivo, questo può sembrare un punto secondario, ma ti assicuro che non è così, la nostra mente lavora attraverso le immagini; Vediamo letteralmente attraverso gli occhi della mente.

TERZO: Gli obiettivi devono essere reali e raggiungibili. Che siano realistici non significa che debbano essere poveri, mediocri o comuni e correnti. Reali vuol dire che devono rappresentare un obiettivo che ti senti capace e disposto a raggiungere.

QUARTO: Per raggiungere i tuoi obiettivi, se necessario, devi essere disposto a cambiare la tua personalità. Uno dei motivi per cui molte persone non raggiungono gli obiettivi prefissati è perché non includono nei loro piani la possibilità di cambiare la personalità interna, cosa necessaria per la leadership personale.

OBIETTIVI A CORTO TERMINE CONTRO OBIETTIVI A LUNGO TERMINE:

Stabilire obiettivi è la forza umana più potente per l'auto motivazione, ma non tutti gli obiettivi sono uguali, non tutti hanno gli stessi poteri di auto motivazione, alcuni sono più importanti di altri.
OBIETTIVI A CORTO TERMINE: Gli obiettivi a corto termine contribuiscono notevolmente ad aumentare la fiducia in se stesso. Non c'è niente di più potente per il successo che avere successo. Per questo quando l'obiettivo ha un termine molto corto la motivazione che avrai per arrivarci sarà maggiore.

OBIETTIVI A LUNGO TERMINE: L'essere umano che raggiunge il successo nella leadership personale è immancabilmente una persona che sa prevedere, ha visione, intuizione e coraggio per fissarsi obiettivi a lungo termine. È in grado di guardare al prossimo anno, alla prossima generazione, non si accontenta di percepirli, ma si prepara per raggiungerli, si fissa obiettivi a lungo termine e lavora fortemente, senza preoccuparsi degli ostacoli, per il loro ottenimento.

OBIETTIVI TANGIBILE VS INTANGIBILI

OBIETTIVI TANGIBILI: Usando questo termine, ci riferiamo a qualcosa delle più semplici necessità fisiche o biologiche dell'essere umano. Una necessità tangibile è un obiettivo immediato a corto termine che può includere qualsiasi aspetto materiale.

OBIETTIVI INTANGIBILI: Generalmente gli obiettivi intangibili non sono altro che i cambiamenti interni necessari per raggiungere altri obiettivi più tangibili. Alcune persone hanno difficoltà a scrivere questo tipo di obiettivi soprattutto se sono a lungo termine o se la persona ha poca esperienza nel fissare obiettivi.

SCELTA DEGLI OBIETTIVI

Sebbene la leadership venga esercitata specialmente durante l'orario di lavoro, essa si realizza in ogni aspetto della vita di una persona: la leadership personale non è ciò che fa una individuo ma ciò che è la persona a casa, al lavoro e nel suo ambiente sociale e così via.

IL VALORE DEGLI OBIETTIVI SCRITTI: Gli obiettivi scritti ci aiutano a rimanere sulla strada giusta per progredire e servono da "schermi" per eliminare le distrazioni.

Gli obiettivi scritti sono utili anche per misurare il progresso, ci mostrano fino a che punto siamo arrivat; scrivendoli si fissano nella mente e il pensiero motiva l'azione. Gli obiettivi scritti servono come riferimento e promemoria e ogni volta che li ripassi ti sentirai spinto a continuare a lavorare per conseguirli.

Un piano scritto ti fa risparmiare tempo ed energia perché sai sempre dove stai andando e cosa fare dopo.

Mettere i tuoi obiettivi per iscritto ti garantisce che siano compatibili con i diversi aspetti della tua vita

Esiste la legge universale della reciprocità: " **TENDIAMO AD ATTRARRE TUTTO QUELLO VERSO IL QUALE CI SENTIAMO ATTRATTI E CI MODIFICHIAMO IN QUELLO CHE IMMAGINIAMO ESSERE".**

Ricorda che non sarai in grado di raggiungere i tuoi obiettivi finché non conoscerai tutto quello che potrebbe essere un ostacolo al loro conseguimento. Devi stare attento ed essere pronto a prendere decisioni di fronte a possibili ostacoli.

L'IMPORTANZA DI SAPER PRENDERE LE DECISIONI:

Come disse il cancelliere d'Inghilterra Francis Bacon nel 1590: **"UN UOMO INTELLIGENTE SI COSTRUIRA' PIÙ OPPORTUNITA' DI QUELLE CHE TROVA"**

In effetti è meglio prendere una decisione anche se è sbagliata che non prenderla. Non permettere mai a nessuno di pressarti. La maggior parte delle decisioni che vengono prese nel corso di una giornata normale sono abbastanza semplici.

Il compositore americano John Erskine disse nel 1910: **"IN SINTESI, UN LEADER È UN UOMO CHE CONOSCE DOVE VUOLE ANDARE, SI ALZA E VA".**

Esamina solo una decisione alla voltaevitando la tua agilità mentale poichè è molto difficile prendere decisioni simultanee. Accetta il rischio di decidere, nella vita niente è sicuro, nessuna decisione è senza rischi.

Includi sempre nei tuoi piani un piano B da seguire in caso di circostanze impreviste. Se la decisione è sbagliata aboliscila.

Ci vuole molto coraggio personale per ammettere che la decisione che hai preso era sbagliata, soprattutto se il riconoscimento dell'errore ha ottenuto molta pubblicità.

Il fisico Albert Einstein una volta disse: " **INVECE DI ESSERE UN UOMO DI SUCCESSO CERCA DI ESSERE UN UOMO DI VALORE, IL RESTO VERRÀ DA SOLO**".

L'IMPORTANZA DI SAPERE COME RISOLVERE I PROBLEMI

L'abilità decisionale dovrebbe trovare la sua massima espressione nel processo di risoluzione dei problemi. Per prendere decisioni hai bisogno di alcune abilità aggiuntive a parte il fidarti di te stesso e quelle che devi sviluppare per avere successo nella leadership personale. Queste abilità sono ad esempio:

Consapevolezza: prima dii risolvere un problema, devi essere consapevole che il problema esiste.

Obiettività: bisogna essere obiettivi quando si

definiscono le difficoltà poichèll vero problema è raramente il più evidente e in molte occasioni è necessaria un'analisi obiettiva per scoprirlo realmente.

Porre un termine: il leader deve valutare l'importanza relativa di un problema e fissare una scadenza per trovare una soluzione.

Visione: una persona deve essere in grado di considerare l'obiettivo che vuole raggiungere risolvendo il problema che le si è presentato.

Mente indagatrice: per risolvere i problemi con successo è necessario conoscerli e indagarli.

La Creatività: quando sono state raccolte informazioni sufficienti il Leader incaricato nella soluzione del problema utilizza l'analisi creativa per provocare una tormenta di idee intorno allo stesso.

Mente aperta: una delle regole più sagge quando si considera qualsiasi problema è non affrettarsi arrivando a conclusioni ovvie.

L'IMPORTANZA DELLA COMUNICAZIONE:

Nel campo della leadership personale non esiste un talento più grande che la capacità di comunicazione di una persona. Non importa quanto sia forte il suo concetto di sè nè quanto sia potente la sua auto motivazione; se non può trasmettere le sue idee agli altri non potrà mai essere un Leader.
re

Molte persone pensano che l'empatia consista nel vedere le cose dal punto di vista dell'altra persona e di concordare totalmente con lei; una persona inizia a sviluppare la sua empatia nel momento in cui stabilisce la sua priorità dei valori.

L'ARTE DI SAPERE ASCOLTARE:

L'empatia aiuta a sviluppare una migliore comunicazione che è essenziale per il successo nella leadership personale. Sebbene ci siano molte persone con un udito eccellente, sono poche quelle che ascoltano, ancor meno quelle che sanno ascoltare e molto scarse quelle che possono insegnare l'arte di ascoltare. È impossibile capire una persona se non la ascoltiamo, e questo include sapere come ascoltare.

I seguenti punti ci aiuteranno a migliorare in modo efficace la maniera di ascoltare.

1. Essere consapevole delle idee, non tutte le persone si esprimono chiaramente.

2. Sii egoista, ascolta con l'idea che sei determinato a trarre vantaggio da ciò che l'altra persona sta dicendo poichè potrebbe essere qualcosa che sarà prezioso per te.

3. Evita di stare sulla difensiva. Alcune persone iniziano ad ascoltare con una mente aperta e improvvisamente iniziano a interrompere. Pratica l'arte dell'ascolto, ascolta attentamente, e non interrompere l'altra persona, mostra un profondo interesse ascoltando con molta attenzione, fino a quando non avrai veramente qualcosa da dire.

4. Ascolta per ricordare, la gente ricorda principalmente

per ripetizione e per associazione. Un grande filosofo ha scritto: **DI TUTTE LE PERSONE CHE CONOSCERAI NEL CORSO DELLA TUA VITA TU SEI L' UNICA CHE NON POTRAI ABBANDONARE O PERDERE, SEI L'UNICA RISPOSTA ALLA DOMANDA DELLA TUA VITA, SEI L'UNICA SOLUZIONE AI PROBLEMI DELLA TUA ESISTENZA. L'ESSERE UMANO MATURO COMPRENDE CHE, ANCHE SE TUTTE LE PERSONE SONO STATE CREATE UGUALI, HANNO ANCHE RICEVUTO TUTTE LE OPPORTUNITÀ PER ESSERE DIFFERENTI."**

In tutti gli eventi umani ci sono sforzi e ci sono risultati, e la grandezza dello sforzo darà la misura del risultato. Non esistono la fortuna, i poteri, le proprietà materiali, intellettuali e spirituali, tutto è frutto dello sforzo: sono pensieri che sono stati completati, obiettivi raggiunti,

sono sogni diventati realtà. **"L'IMMAGINE CHE TU ESALTI NELLA TUA MENTE, L'IDEALE CHE TU INTERIORIZZI NEL TUO CUORE SARÀ QUELLO IN CUI TU TI TRASFORMERAI"**

"UN BUON LEADER PORTA LE PERSONE DOVE VOGLIONO ANDARE; UN GRANDE LEADER LE PORTA DOVE NON VOGLIONO NECESSARIAMENTE ANDARE, MA DOVE DEBBONO STARE" (ROSALYNN CARTER)

CAPSULA 16

SEGRETO DI UNA VITA SANA

"MANTENERE IL CORPO IN BUONA
SALUTE È UN DOVERE!
CONTRARIAMENTE, NON SAREMO IN
GRADO DI MANTENERE LA NOSTRA
MENTE FORTE E CHIARA".

BUDDAH

Un vecchio proverbio arabo dice: **"CHI HA SALUTE HA SPERANZA; E CHI HA SPERANZA HA TUTTO "**. Ha perfettamente ragione: quando la nostra salute inizia a mancare falliscono anche tutti i nostri piani.

Ricordiamo tutti la famosa frase romana menzionata nelle pagine precedenti: "Mens sana in corpore sano". Perciò per avere una mente sana è essenziale la salute del corpo. Sfortunatamente nella società di oggi, anche se in apparenza mostriamo rispetto per la salute, in realtà conduciamo un modo di vivere così squilibrato che non possiamo nemmeno immaginare il danno che stiamo causando nel tempo al nostro corpo.

Sapevi che le preoccupazioni, la tensione, la paura e i pensieri negativi sono la causa della maggior parte delle nostre malattie, e, alcune, possono essere anche fatali? C'è una soluzione a queste malattie: avere la fiducia in se stessi, avere tanta fede ed entusiasmo che, poi, traducendosi in un'adeguata Attitudine Mentale Positiva, ti consentiranno di guarire rapidamente e di condurre una vita felice piena di gioia e benessere.

Vale la pena notare ciò che l'inventore Thomas Edison era solito dire: **"IL MEDICO DEL FUTURO NON SOMMINISTRERA' FARMACI BENSÌ GUIDERA' I SUOI PAZIENTI ALLA CURA DEL CONTROLLO UMANO, ALLA DIETA, E ALLA PREVENZIONE DELLE MALATTIE".**

Quando ti senti stressato e preoccupato, la pressione sanguigna aumenta e il tuo organismo si scompensa. Allora appaiono i pensieri negativi che ti fanno vedere le cose in modo distorto, aumenta la paura che distrugge la tua fede nel futuro. Questa situazione ti causerà Insonnia, quindi non sarai più in grado di riposare un minimo di otto ore come raccomandano i medici. Che cosa succederà al tuo organismo? Non ci vorrà molto per ammalarsi.

"LA SALUTE E' COME IL DENARO, NON ABBIAMO MAI UN'IDEA REALE DEL SUO VALORE, FINO A QUANDO NON LA PERDIAMO." (Josh Billings)

Ogni essere umano vuole sempre qualcosa, e chi non vuole ottenere qualcosa dalla vita, non è un essere normale. Qualunque sia il tuo scopo immediato, se vuoi raggiungerlo, devi credere che dipende solo dalla tua decisione. I seguenti suggerimenti ti aiuteranno ad avere una vita migliore:

1.- Se non sai dove vai, già sei arrivato !!! Sfortunatamente molti di noi sono già arrivati !!! Ma se questo è il tuo caso, c'è un modo molto semplice per scoprire cosa vuoi ed è usando il contrario cioè l'oppocsto di ciò che ti fa stare male in questo momento. Di cosa non sei soddisfatto? Fai una breve pausa per fare un esercizio su un foglio di carta in cui, sul lato sinistro metti da 1 a 10 delle cose che ti disturbano e sul lato destro scrivi quale sarebbe la situazione opposta a quella che scrivi.

2.- Una volta che hai deciso quale sia il tuo obiettivo, ti devi convincere che potrai raggiungerlo e credere che sia possibile cambiare la situazione che ti sta dando fastidio e ti mantiene insoddisfatto.

3.- Quindi dovrai preparare un piano dettagliato in cui indichi i passi da seguire per raggiungere il tuo obiettivo.

4.- Quando sorgono momenti difficili o critici e stai per

rinunciare (o gettare la spugna), devi pensare ai motivi che hai per raggiungere l'obiettivo, ciò ti aiuterà a non arrenderti. Altrimenti sarà più facile lasciarti trasportare dall'apparente negatività delle circostanze e concentrarti solo sui motivi che ti faranno fallire.

5.- Devi visualizzare te stesso ottenere i risultati che desideri dagli obiettivi che hai stabilito e immaginare l'emozione che proverai quando i tuoi obiettivi saranno veramente raggiunti; non preoccuparti di cose che potrebbero andare male. Normalmente la gente, quando è preoccupata, consuma grandi quantità di cibo spazzatura, per questo è anche molto importante controllare le emozioni e dar passo solamente alle emozioni positive ogni volta che pensiamo al nostro obiettivo. Alla fine, circondarsi di persone che si trovano nella tua stessa situazione è un espediente essenziale ed è anche un ottimo modo per ottenere appoggio.

6.- Infine è necessario stabilire un limite di tempo, poiché i sogni senza una data sono solo "illusioni". L'unica differenza tra un obiettivo e un sogno, è che la prima ha un limite di tempo da rispettare.

7.- Uno dei grandi problemi dell'umanità oggi è l'alcolismo. Molte persone affermano di essere bevitori sociali, ma, in breve tempo, saranno alcolizzati. Questo succede a tutti, indipendentemente dal livello culturale, sociale ed economico. Secondo le statistiche ufficiali il 76% della popolazione adulta beve e il 7% di questi sarà senza dubbio una persona alcolizzata, distruggendo, così, lentamente, tutte le speranze di successo nella vita. Non bere un drink ogni giorno, non bere a stomaco vuoto e, quando senti la necessità di bere un goccio, sostituiscilo con una buona camminata. Pertanto bisogna stare molto attenti all'alcol perché porta inevitabilmente al fallimento.

8.- Il cattivo carattere toglie a una donna la sua bellezza e ad un uomo la sua dignità. Il cattivo carattere non favorisce la collaborazione sul lavoro e riduce le relazioni affettive in casa. Il cattivo umore, come l'alcolismo, debbono essere curati; solo in questo modo si eliminano i danni collaterali e si potrà avanzare verso il successo personale. Cattivo carattere e alcolismo possono anche causare la morte fisica.

Altri consigli per una vita più lunga e piena di salute:

1.- Prendi un bicchiere d'acqua quando ti svegli e mantieniti ben idratato durante il giorno bevendo circa da due a quattro litri d'acqua, come raccomandano i medici. Sapevi che il 70% del peso del corpo umano è costituito da acqua? Perciò è essenziale mantenere il corpo ben idratato. È stato dimostrato che l'acqua fa bene al cervello, previene la perdita di memoria e l'osteoporosi.

2.- Fa esercizi quotidiani. Il corpo umano deve essere fisicamente attivo. Le nostre gambe sono lunghe, i nostri muscoli del bacino e delle estremità sono poderosi e siamo in grado di raggiungere velocità relativamente elevate se è necessario. Oltre queste caratteristiche fisiche la nostra relazione con la natura ci obbliga sempre a stare attivi sia nei lavori agricoli che in edilizia e altre attività all'aperto. Perciò consiglio di camminare dai tre ai cinque chilometri al giorno o in alternativa di fare 10.000 passi.

3.- Fa una doccia con acqua tiepida per pulire il sudore e la polvere e finisci con acqua molto fredda per poi strofinarti frizionando il corpo con l'asciugamano.

4.- Una volta la settimana fa lunghe passeggiate di circa dieci chilometri.

5.- Non mangiare mai troppo: un altro grosso problema della vita moderna è mangiare cibi sbagliati con basso contenuto nutrizionale e in grandi quantità. Elimina i cibi fritti dalla tua dieta quotidiana, mangia pochi carboidrati e dolci, ricorda che le farine e gli zuccheri, trasformati e raffinati, sono veleni per il tuo cervello e alimentano le cellule tumorali. Consuma piuttosto molta frutta, verdura e proteine. La verità è che l'apporto calorico in eccesso ci sta rendendo più obesi. Già il 62% della popolazione negli Stati Uniti è sovrappeso o obesa, addirittura il 23% dei bambini tra i 5 ei 9 anni ha già questo problema di salute. Su ogni 9 neonati, negli Stati Uniti, uno ha il diabete. Oggi, per la pessima alimentazione, gli U.S.A. occupano il primo posto nel mondo con la maggiore obesità. Diminuire la quantità di cibo consumato è una necessità assoluta, e si deve iniziare in casa. La cosa giusta è fare ciò che dice il vecchio proverbio: **"FA COLAZIONE COME UN RE, PRANZA COME UN PRINCIPE E CENA COME UN MENDICANTE".**

1.- Prendi un bicchiere d'acqua quando ti svegli e mantieniti ben idratato durante il giorno bevendo circa da due a quattro litri d'acqua, come raccomandano i medici. Sapevi che il 70% del peso del corpo umano è costituito da acqua? Perciò è essenziale mantenere il corpo ben idratato. È stato dimostrato che l'acqua fa bene al cervello, previene la perdita di memoria e l'osteoporosi.

2.- Fa esercizi quotidiani. Il corpo umano deve essere fisicamente attivo. Le nostre gambe sono lunghe, i nostri muscoli del bacino e delle estremità sono poderosi e siamo in grado di raggiungere velocità relativamente elevate se è necessario. Oltre queste caratteristiche fisiche la nostra relazione con la natura ci obbliga sempre a stare attivi sia nei lavori agricoli che in edilizia e altre attività all'aperto. Perciò consiglio di camminare dai tre ai cinque chilometri al giorno o in alternativa di fare 10.000 passi.

3.- Fa una doccia con acqua tiepida per pulire il sudore e la polvere e finisci con acqua molto fredda per poi strofinarti frizionando il corpo con l'asciugamano.

4.- Una volta la settimana fa lunghe passeggiate di circa dieci chilometri.

5.- Non mangiare mai troppo: un altro grosso problema della vita moderna è mangiare cibi sbagliati con basso contenuto nutrizionale e in grandi quantità. Elimina i cibi fritti dalla tua dieta quotidiana, mangia pochi carboidrati e dolci, ricorda che le farine e gli zuccheri, trasformati e raffinati, sono veleni per il tuo cervello e alimentano le cellule tumorali. Consuma piuttosto molta frutta, verdura e proteine. La verità è che l'apporto calorico in eccesso ci sta rendendo più obesi. Già il 62% della popolazione negli Stati Uniti è sovrappeso o obesa, addirittura il 23% dei bambini tra i 5 ei 9 anni ha già questo problema di salute. Su ogni 9 neonati, negli Stati Uniti, uno ha il diabete. Oggi, per la pessima alimentazione, gli U.S.A. occupano il primo posto nel mondo con la maggiore obesità. Diminuire la quantità di cibo consumato è una necessità assoluta, e si deve iniziare in casa. La cosa giusta è fare ciò che dice il vecchio proverbio: **"FA COLAZIONE COME UN RE, PRANZA COME UN PRINCIPE E CENA COME UN MENDICANTE".**

6.- Non fumare, è stato dimostrato che il fumo di sigaretta sviluppa il cancro ai polmoni. Il tasso di persone che muoiono per questa malattia è preoccupante. Inoltre i tuoi abiti hanno un odore sgradevole di tabacco. Sapevi che i non fumatori avvertono repulsione quando parlano con persone che puzzano di tabacco?

7.- Ancora una volta, ripeto, non abusare di alcolici.

Se sei un bevitore sociale non ci sono problemi, ma se sei un bevitore dipendente dall'alcol è probabile che tu sia incline a contrarre malattie mortali conseguenti all'alcolismo. Perciò stai molto attento a non caderenell'alcolismo. C'è un legame stretto tra il bevitore sociale e l'alcolista che non riconosce di essere tale.

8.- Non puoi permetterti di soffrire di cattivo carattere. Ricorda che una persona con cattivo carattere diventa un problema serio sia per sè sia per il prossimo. Il cattivo carattere distrugge la tranquillità, la pace mentale e logicamente distrugge la tua attitudine Mentale Positiva. "**Il cattivo carattere priva una donna della sua bellezza e l'uomo della sua dignità**'. L'ira e il cattivo carattere non saranno mai un ingrediente favorevole per te. L'ira annebbia la mente e non ti permette di vedere le opportunità. Inoltre perdi la bellezza del momento e rimani prigioniero di una nube di rabbia.

9.- Non preoccuparti, un tempo per divertirti. Questo è essenziale per combattere lo stress.

10.- Ti deve piacere quello che fai. Per superare le avversità coltiva un hobby, mantieni sempre forte lo spirito dell'umorismo, soprattutto devi sapere come affrontare i problemi che si presentano con molta decisione e fiducia in te stesso.

11.- Dormi almeno sette o otto ore il giorno, dormire è una necessità molto importante per consentire al tuo corpo di

riprendersi. Il sonno è un'altra vittima della vita moderna. L'invenzione della luce elettrica ha cambiato per sempre il nostro antico modo di vivere, in particolare il nostro orario di sonno è cambiato per sempre. La mancanza di sonno non solo provoca irritabilità nervosa, mancanza di concentrazione e riduzione della produttività nella vita e nel lavoro, ma interferisce anche con la memoria e il corretto funzionamento del nostro sistema immunitario e di difesa. Se hai difficoltà a dormire, conta le pecore o suona musica per addormentarti.

12.- Impara a prendere cura del tuo corp; solo perché non sei malato, non significa che sei sano.

Un antico proverbio arabo sulla salute dice: **"CHI HA SALUTE HA SPERANZA; E CHI HA SPERANZA HA TUTTO".**

ti piacerebbe avere una vita piu sana e che il tuo anno

avesse minimo quindici giorni in più? Sarebbe fantastico vero!

Spero che la tua risposta sia stata sì, devi sapere che per avere una vita più lunga e più sana devi mantenere un equilibrio tra salute fisica e salute spirituale. Se non manteniamo questo equilibrio, la nostra vita sarà piena di problemi.

Prova ogni mattina ad alzarti un'ora prima; facendo questo, sarai riuscito a vivere altri quindici giorni l'anno. Se questo si moltiplica per la vita media attuale di una persona, circa ottanta anni, forse sarai riuscito a vivere da 400 a 1000 giorni in più di vita rispetto alla media delle persone. Immagina quanto avresti potuto fare e realizzare con questi giorni extra.

Pertanto inizia ad alzarti un'ora prima del solito, usa la prima mezz'ora per leggere qualcosa di che motiva, qualcosa che t'ispira. L'altra mezz'ora, pratica una camminata di circa 10.000 passi, o, in mancanza, cammina per mezz'ora e fai 5 KM. Fai una doccia e una buona colazione, ricorda che la colazione è il pasto più importante della giornata.

Fa un bagno ogni giorno, prima di acqua calda e poi fredda, finisci, quindi, con una forte strofinata di asciugamano frizionando tutto il corpo.

In questo modo consentirai al tuo sangue di risalire prima alla superficie del tuo corpo, e, poi, rapidamente, in profondità raggiungendo tutti gli organi vitali come il cuore, il pancreas e il fegato e, ovviamente anche le tue arterie si manterranno più elastiche e quindi sembrerai più giovane.

Almeno una volta alla settimana pratica sport all'aria aperta come golf, calcio, baseball, ecc. Comunque un'attività che ti consenta di fare lunghe passeggiate.

Rifiuta di mangiare cibi fritti, farine raffinate, mangia poca carne rossa. Invece, mangia pesce, frutta, verdura e proteine.

Ancora una volta ripeto, NON FUMARE, fumare non solo ti dà un odore sgradevole, ma è responsabile di diverse malattie gravi, riduce la tua velocità mentale e, inoltre, riduce il tuo potenziale sessuale.

Non bere alcolici in quantità perché, non solo ciò crea gravi problemi di salute ma ti fa prendere decisioni sbagliate e riduce anche il potenziale sessuale e la fertilità nelle donne.

Vediamo come applicare questi principi alla nostra vita quotidiana?

Alzati circa 60 minuti prima al mattino, poi fai 30 minuti di allenamento fisico e trascorri gli altri 30 minuti in con una buona lettura positiva. Fai una doccia calda e finiscila fredda, termina con una forte frizione, con un asciugamano, su tutto il corpo. Fa una buona colazione con frutta, proteine e pane integrale.

Usa la tua auto il meno possibile, prova a percorrere le distanze a piedi a un ritmo veloce. Un pranzo leggero come un'insalata con pane integrale, un po' di proteine e la frutta, però ricorda di mangiare la frutta come antipasto così viene digerita molto rapidamente e va direttamente nell'intestino, evitando fermentazione nello stomaco. Inoltre gli enzimi della frutta rimangono nello stomaco e la nostra prima digestione si realizza con maggior facilità. Quando torni a casa indossa abiti comodi e fa una passeggiata di 4 o 5 chilometri o 10.000 passi.

La sera una cena moderata con frutta, verdura e pane integrale, **NON BERE ALCOOL.**

Questo è un programma molto semplice da fare per chiunque abbia buona volontà. **TI RICORDO CHE LE PERSONE DI SUCCESSO HANNO ALTI INDICI DI VOLONTÀ.**

MOTIVATI! Incitati a godere di una vita sana e lunga, questo ti incoraggerà ad avere molta più fiducia in te stesso e ti darà l'entusiasmo necessario per raggiungere

un'attitudine Mentale Positiva che ti permetterà di conquistare il mondo.

LA DIFFERENZA TRA IL SUCCESSO E L'INSUCCESSO E' IL SAPER RICONOSCERE LE OPPORTUNITÀ.

CAPSULA 17

Porte che ti porteranno al successo

"IL PUNTO DI PARTENZA DI TUTTO QUELLO CHE OTTENIAMO È IL DESIDERIO"

NAPOLEON HILL

Il successo, la determinazione, la decisione, l'opportunità, la perseveranza e le buone idee, sono gli attributi necessari per conquistare il mondo.

Ci sono molte definizioni di successo che abbiamo già visto nel tredicesimo capitolo. Qui te ne fornisco ancora una più semplice; **"IL SUCCESSO È OTTENERE QUELLO CHE VUOI."** Così è, se ottieni quello che vuoi, sarai felice al 100%, quindi avrai successo.

È importante capire che le persone di successo sanno perfettamente chi sono e cosa vogliono; pensano a tutto ciò che a loro interessa, cpiace o che piacerebbe fare. Scopri in te tutti questi punti. In seguito è necessario definire un piano d'azione in tutti i suoi dettagli e iniziare a metterlo in pratica. In questo modo, prima o poi, raggiungerai l'obiettivo desiderato.

La determinazione implica valore, fermezza e coraggio. Pertanto, senza perdere tempo, fa ciò che suggerisce il tuo piano d'azione, anche se lo fai con timore. Per superare la paura inizia a fare il primo passo che supererà l'inerzia e la passività. Devi essere una persona audace, senza timori, e imparare a gestire il rischio. È così che il grande scrittore e oratore Agustin Og Mandino, autore del famoso best seller "Il più *grande venditore del mondo pensava: " **IL FALLIMENTO NON MI RAGGIUNGERÀ MAI SE LA MIA DETERMINAZIONE PER AVERE SUCCESSO È' SUFFICIENTEMENTE FORTE".**

La decisione è il vero segreto per raggiungere il successo. Il filosofo medico Moisés Maimónides intorno al 1200 dichiarò che :"**IL RISCHIO DI UNA DECISIONE SBAGLIATA È PREFERIBILE AL TERRORE DELL'INDECISIONE".** quando sei deciso, non preoccuparti più per quello che devi fare, **FALLO!** La decisione è, senza dubbio, un desiderio intenso che hai selezionato e messo in marcia. Ecco perché è importante avere desideri.

Che cosa è **l'opportunità**? Non è altro che una circostanza favorevole, che appare durante le tua attività; l'uomo di successo deve sapere come riconoscerla e affrontarla con coraggio e determinazione.

Il giornalista finanziere B.C. Forb in uno dei suoi discorsi ha parlato così dell'opportunità: " **GLI UOMINI MEDIOCRI. ASPETTANO CHE LE OPPORTUNITÀ VENGANO DA SOLE.**

GLI UOMINI FORTI, ABILI E SVEGLI VANNO ALLA RICERCA DELLE OPPORTUNITÀ. "

Il famoso attore comico Jim Carrey ha detto quanto segue sull'opportunità: **"LA VITA TI OFFRE LE OPPORTUNITÀ, O TE LE PRENDI O PER PAURA DI PRENDERLE SOCCOMBERAI"**.

Ancora un anonimo ha commentato l'opportunità, nella seguente maniera: **" UN PESSIMISTA È QUELLO CHE CREA DIFFICOLTÀ SULLE SUE OPPORTUNITÀ, INVECE UN OTTIMISTA È QUELLO CHE CREA OPPORTUNITÀ DALLE SUE DIFFICOLTÀ "**.

Per chi crede nella fortuna, leggi di seguito ciò che l'imprenditore Raymond Albert Kroc, meglio noto come Ray Kroc, un socio dei fratelli McDonald, e in seguito proprietario dell'intera società, responsabile della sua grande espansione in tutto il mondo: **" LA FORTUNA È UN BENEFICIO DEI TUOI SFORZI, PIÙ TI SFORZI, PIÙ FORTUNA OTTERRAI. "** La fortuna appare all'uomo di successo che, essendo preparato personalmente, trova una circostanza favorevole che lo avvantaggia.

Per raggiungere il successo sono necessarie buone idee, queste sono legate alla capacità di creatività, che altro non è se non il processo di migliorare un'idea fino ad ottener una qualità eccellente. Tutto ciò si basa sulla preparazione continua ampliando le nostre conoscenze e migliorando notevolmente la nostra attitudine.

Il filosofo cinese Confucio ha rilevato: **"IL SUCCESSO DIPENDE DALLA PREPARAZIONE PRECEDENTE, SENZA QUESTA ARRIVERAI INEVITABILMENTE AL FALLIMENTO "**.

Ecco perché dicono che le buone idee provengono dall'individuo che mantiene la sua Attitudine Mentale Positiva. È importante continuamente auto rinnovarsi.

Tutto ciò che tu ottieni con l'Attitudine Mentale Positiva, la determinazione, la decisione, le buone idee, il riconoscere e approfittare delle opportunità e la perseveranza, produrranno un effetto moltiplicativo che ti permetterà di ottenere un successo integrale nella tua vita.

La prima cosa da fare è prendersi cura della propria attività, non passare la vita a prenderti cura dell'attività di un altro e facendo arricchire un'altra persona. Il più grande segreto per far crescere fortemente la tua attività è di applicare il seguente segreto: "**È VALIDO PER LA PROPRIA ATTIVITÀ SOLO CHI GODE DI QUELLO CHE FA**". La tua attività dovrebbe distinguersi sopra tutte le altre.

Il denaro è una forma di potere, ma più potente è la tua educazione finanziaria. Scopri come funziona il denaro. Imparare come investire, il tuo denaro è molto importante. Le persone facoltose si concentrano sugli investimenti.

Non dobbiamo mai abbandonare la nostra attività, al contrario, imparare a perseverare, a insistere e non lasciare, ma a superare tutti gli ostacoli fino a raggiungere l'obiettivo finale. L'uomo di successo ha appreso il segreto della perseveranza: la "pazienza" che è quella capacità di saper aspettare che i risultati si verifichino, non importa se immediatamente.

La realizzazione dell'obiettivo aumenta in te l'Attitudine Mentale Positiva, e con essa, l'entusiasmo necessario per pianificare gli obiettivi successivi con serietà e attenzione.

Mantieni sempre una visione generale della situazione, ma allo stesso tempo, non perdere di vista i dettagli. In te c'è la capacità di agire quando credi che sia necessario.

Nelle tue mani c'è la responsabilità della tua vita. Ricorda: tu hai tutte le risorse fisiche, mentali, emotive e spirituali per raggiungere il SUCCESSO.

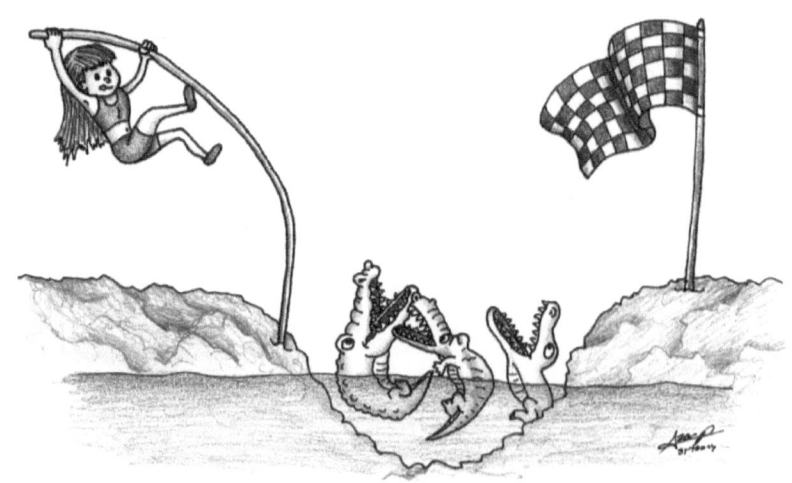

LA FELICITA

"LA VERA FELICITÀ È GODERE DEL PRESENTE,
SENZA PREOCCUPARSI DEI PROBLEMI DEL FUTURO."

MARCO AURELIO

Ho lasciato la felicità come ultima capsula perché credo che sia l'obiettivo finale da raggiungere. La parola "felicità" significa felice, fortunato, soddisfatto. Il filosofo greco Aristotile ha affermato quanto segue sulla felicità: **"LA FELICITÀ È IL SIGNIFICATO E LO SCOPO DELLA VITA, L'OBIETTIVO GENERALE E FINALE DELL'ESISTENZA UMANA. LA FELICITÀ DIPENDE SOLAMENTE DA NOI STESSI".**

Gli psicologi affermano che le persone che sanno usare la propria Forza spesso

- Sono più felici, più soddisfatti e con molta più energia.

- Raggiungono i loro obiettivi in modo molto più semplice e efficace.

- Prendono molto seriamente gli impegni.

- Nella loro attività hanno una maggiore redditività.

Qualcuno ha detto: **IN TUTTO QUELLO CHE PRODUCI E IN TUTTO QUELLO CHE TI COINVOLGE, IMPEGNATI AL 100%.**

In effetti, il grande filosofo cinese Confucio disse: **"SOLO PUÒ ESSERE SEMPRE FELICE CHI SA ESSERE FELICE CON TUTTO"**.

In molte occasioni non possiamo evitare problemi e situazioni sgradevoli, però quanto più positivo è l'individuo, tanto migliore sarà il risultato. A questo proposito affermava la grande attrice e modella, che era il mito della bellezza degli anni cinquanta, Marilyn Monroe: **"LA FELICITÀ È DENTRO DI NOI, NON A FIANCO DI NESSUNO"**.

Affinché una persona sia veramente felice, deve anche preoccuparsi di creare un ambiente più positivo: **"LA FELICITÀ DI UN UOMO IN QUESTA VITA NON CONSISTE NELL'ASSENZA, MA NEL DOMINIO DELLE SUE PASSIONI"**. Questo lo dichiarò il poeta e drammaturgo Alfred Lord Tennyson.

SENSO DELL'UMORE:
Questo è ciò che il presbitero Beecher Henry Ward disse rispetto al senso dell'umore: **"UNA PERSONA SENZA IL DOVUTO SENSO DELL'UMORE È COME UN'AUTO SENZA

CUSCINETTI; TUTTE LE IMPERFEZIONI DELLA STRADA TI FARANNO SOBBALZARE."

Avere il senso dell'umore significa più gioia nella nostra vita. Durante le nostre attività quotidiane possono sorgere situazioni complicate che potranno superarsi semplicemente trovando qualcosa che ci fa ridere e che ci aiuta a trovare la soluzione più facilmente. Ridere per i tuoi problemi diminuisce la tensione.

IMPEGNO
Essere impegnati può essere fonte di soddisfazione e benessere. Quando raggiungi l'obiettivo di essere impegnato ti sentirai senza dubbio soddisfatto. **"LE PERSONE CHE EVITANO L'IMPEGNO È PERCHÉ SANNO QUANTO È IMPORTANTE."** Scrittore sconosciuto

ORDINE
*Quando siamo ordinati nell'adempimento dei nostri impegni, saremo felici di rispettarli. Il filosofo Pitagora, matematico greco affermò che:**"CON ORDINE E TEMPO GIUSTO TROVERAI IL SEGRETO PER FARE TUTTO E FARLO BENE"**.

GRATITUDINE

Nella nostra vita ci sono molti dettagli che permettono che i nostri giorni non siano uguali. La maggior parte di questi dettagli proviene da qualcuno, e come ha detto il grande scrittore Max Lucado: **"IL CUORE GRATO È COME UNA CALAMITA CHE ATTRAE, DURANTE IL GIORNO, LE RAGIONI PER ESSERE RICONOSCENTE"**. Prova ad avere delicatezza con le persone.Sii riconoscente.

RETTITUDINE

La rettitudine è quando il tuo modo di pensare e di agire è coerente, quindi retto non significa ferire nessuno con il tuo atteggiamento. Della persona retta possiamo sempre fidarci perché, che piaccia o no, il suo comportamento non ci sorprenderà mai. Il grande filosofo romano Seneca disse: **"CHE IMPORTA SAPERE QUELLO CHE È UNA RETTA SE NON SAI CHE COSA È LA RETTITUDINE?**

PERSISTENZA

La persistenza è una delle qualità più importanti per una

persona molti sono i pensatori che l'hanno definita perfettamente.

L'insuperabile scrittore Napoleon Hill la definì in questo

modo:" **PAZIENZA, PERSISTENZA E SUDORE SONO UNA COMBINAZIONE INDISTRUTTIBILE PER IL SUCCESSO"**. È importante desiderare le cose, avere obiettivi precisi. però se non hai voglia di agire nulla potrà farti raggiungere il tuo obiettivo. È necessario avere la giusta persistenza per realizzare il lavoro necessario e raggiungere i tuoi obiettivi.

"L'AMBIZIONE È IL CAMMINO AL SUCCESSO, LA PERSISTENZIA È IL VEICOLO CON IL QUALE ARRIVI." Questa fantastica definizione sulla persistenza la dobbiamo al campione di basket e, in seguito, senatore degli Stati Unit,i Bill Bradley.

La realtà è che ogni individuo che ha raggiunto il successo è stato tremendamente persistente e implacabile nel raggiungere il proprio obiettivo. La persistenza è senza dubbio la caratteristica più importante per ottenere ciò che vuoi nella vita.

Infine, il giocatore di football americano e allenatore Woddy Hayes, definì la persistenza in questo modo: **"BLOCCA LA RESISTENZA CON LA PERSISTENZA"**.

Quando in te nascono i sentimenti di sconfitta i quali sviluppano resistenza per realizzare questo o quel progetto, solo sviluppando una persistenza implacabile puoi superare la disfatta e raggiungere, così, l'obiettivo che avevi pianificato.

ATTITUDINE MENTALE POSITIVA

"UNA PERSONA FELICE NON HA UNA CERTA SERIE DI CIRCOSTANZE, MA UNA SERIE DI ATTEGGIAMENTI ".

Questo eccezionale pensiero è stato affermato dal presentatore televisivo, Hugh Down.

Con l'Attitudine Mentale Positiva aumenta la fiducia in se stessi e l'entusiasmo e l'entusiasmo è estremamente contagioso. Pertanto, lavora fortemente per mantenere un'Attitudine Mentale Positiva. Leggi questo libro più volte, la ripetizione ti crea l'abito di sviluppare l'Attitudine Mentale Positiva. Ricordati che nessuno lo farà per te. Tu hai già la risposta, dipende solamente da te.

Il grande giocatore di baseball americano Wade Boggs ha commentato l'Attitudine Mentale Positiva: **"UN ATTEGGIAMENTO POSITIVO CAUSA UNA REAZIONE A CATENA DI PENSIERI, DI EVENTI E DI RISULTATI. È UN CATALIZZATORE E PORTA RISULTATI STRAORDINARI"**.

Alla fine, il grande filosofo e combattente per l'indipendenza dell'India, Mahatma Gandhi, ha dichiarato: **"NON LASCERÒ CHE NESSUNO INQUINI LA MIA MENTE CON LE SUE IDEE SBAGLIATE"**.

CREATIVITA

Il medico maltese specializzato in psicologia e fisiologia, Edward de Bono, così si espresse della creatività: **"LA CREATIVITÀ ROMPE CON MODELLI PRESTABILITI E CI FA GUARDARE LE COSE IN ALTRO MODO "**.

La creatività, è fare e mettere in pratica in forma differente ciò che è già stato inventato più volte. Per fare questo devi trovare una forma nuova e differente per farlo.

Essere creativo significa fare le cose senza cadere nella routine. Inoltre, la creatività ci rende più resistenti ai cambiamenti che si presentano continuamente.

La scrittrice americana Mary Lou Cook definiva cosi la creatività :**"LA CREATIVITÀ È INVENTARE, SPERIMENTARE, CRESCERE, ASSUMERE RISCHI, VIOLARE LE REGOLE, COMMETTERE ERRORI E DIVERTIRSI "**.

LEGATO

Ricorda, tutti quelli che fanno del bene o del male nella tua vita lasceranno impronte, senza sapere realmente a chi le lascerai. Per questo motivo, fa tutto al 100%, perfettamente bene. Rimani sempre fedele ai tuoi buoni principi e ideali, non permettere che nessuno te li cambi. Devi essere fedele a te stesso per essere ricordato come tu vorresti.

Il grande inventore di Apple, Steven Paul Jobs, disse questo sul legato: **"L'INNOVAZIONE DISTINGUE IL LEADER DA COLORO CHE LO SEGUONO"**.

L'indimenticabile filosofo tedesco Friedrich Nietzsche così si è pronunciato per quanto riguarda la felicità: "**IL DESTINO DEGLI UOMINI È FATTO DI MOMENTI FELICI, TUTTA LA VITA LI HA, PERO' NON DI EPOCHE FELICI**".

La felicità aiuta a controllare l'ormone cortisolo che è prodotto dalle ghiandole surrenali per aumentare i livelli di zucchero nel sangue. Il cortisolo è anche responsabile dell'aumento di peso, problemi alla pelle, insonnia, un sistema immunitario debole, ossa fragili e infine depressione e ansia.

Allora, come ridurre il cortisolo e aumentare la felicità, ecco 4 consigli per essere felici:

- Esercizio.
- Attitudine Mentale Positiva.
- Meditare.
- Evitare le persone negative.

La felicità ha molto a che fare con le emozioni. Qui di seguito ti do questi 6 suggerimenti che ti aiuteranno a mantenere il tuo stato emotivo in buone condizioni:

- Evitare l'eccessiva autocritica.
- Sii molto ottimista.
- Lavora forte sulla tua Attitudine Mentale Positiva.
- Impara a dire Sì e sappi anche quando dire No.
- Fissare obiettivi, reali e raggiungibili.
- Impara a conoscere te stesso.

I 4 ormoni elencati in seguito sono molto necessari per produrre in noi sensazioni di benessere e felicità.

Endorfina, serotonina, dopamina e ossitocina sono il gruppo di sostanze chimiche naturali che ci rendono felici. **"QUANDO IL TUO CERVELLO EMETTE UNA DI QUESTE**

SOSTANZE CHIMICHE, SI SENTE BENE", afferma Loretta G. Breuning, professore emerito della università statale della California.

Come funzionano questi ormoni? Che cosa puoi fare perché il tuo cervello possa emetterli più frequentemente? A continuazione riportiamo cosa ha pubblicato un sito online descrivendo cosa dovresti fare per attivare questi ormoni della felicità nel tuo corpo.

ENDORFINA
Considerato l'elisir di felicità, è un grande stimolante del piacere e, in alcuni casi, è un inibitore del dolore e consente di superare situazioni difficili.

Le endorfine sono **"LA BREVE EUFORIA CHE NASCONDE IL DOLORE FISICO"**, questo lo afferma Breuning sul sito statunitense, aggiungendo che **" CHIMICHE DELLA FELICITÀ, HANNO UN LAVORO SPECIALE DA FARE E VANNO VIA UNA VOLTA CHE IL LAVORO È FATTO"**.

Come possiamo produrle? Raggiungi i tuoi obiettivi, mantieni la routine di allenamento, leggi per piacere e medita. Quando ridi, ti rilassi o ascolti musica, le produci.

Esatto, tutte queste attività stimoleranno la sensazione di felicità e benessere. Anche innamorarsi, percependo e facendo carezze, baci e massaggi, riduce il livello del cortisolo (l'ormone dello stress).

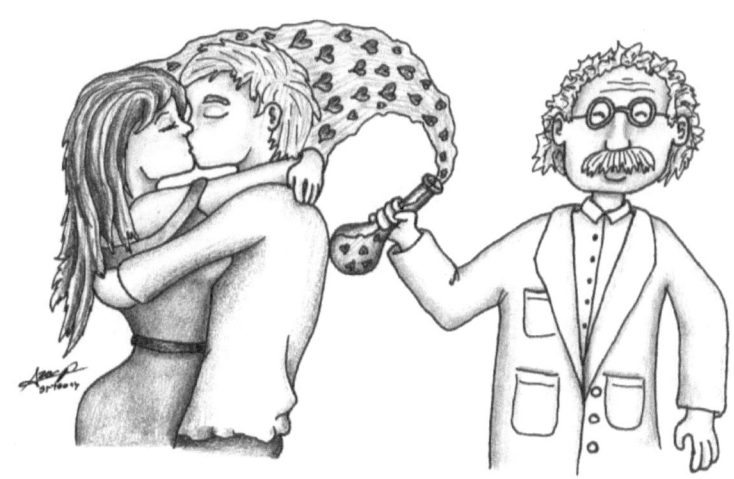

SEROTONINA

Conosciuto come l'ormone del benessere, genera sensazioni di prosperità, soddisfazione e aumenta la concentrazione e l'autostima.

Secondo lo psicologo, Alex Korb, il modo migliore per aumentare il livello di serotonina è **pensare a ricordi felici**. Inoltre, Korb rivela che **l'esposizione alla luce solare, l'essere massaggiati, e fare esercizio fisico** aerobico come correre e andare in bicicletta, sviluppa e aumenta questo prodotto chimico.

Oltre a produrre serotonina, è necessario seguire una dieta adeguata, mangiando, tra gli altri, principalmente cibi ricchi di triptofano come: uova, pollo, riso, latticini e legumi. La serotonina si trova principalmente nelle piastrine del sangue, e, quando il suo livello è basso, si produrrà irritabilità, tristezza, ansia e altri disturbi nella persona. " **SE CAMBIAMO ALCUNI ASPETTI ESTERNI E AGIAMO SUL NOSTRO CORPO, ARRIVEREMO AD INTERFERIRE ANCHE NEL CERVELLO** " (Autore sconosciuto)

DOPAMINA
Conosciuto anche come ormone della ricompensa, con la dopamina la persona ha sentimenti di soddisfazione che lo motivano a portare tutte le sue attività a una conclusione felice.

Sebbene questa sostanza chimica sia nota per essere responsabile di sentimenti come l'amore e la lussuria, John Salamone, un professore di psicologia all'Università del Connecticut, nota che **"SI RELAZIONA DI PIÙ CON LA MOTIVAZIONE E IL RAPPORTO TRA COSTO E VANTAGGI,**

CHE CON IL PIACERE CHE ESSA CAUSA ", spiega anche che: "I BASSI LIVELLI DI DOPAMINA FANNO CHE LE PERSONE E GLI ANIMALI SIANO MENO PROPENSI A LAVORARE CON UN FINE".

Per stimolare la produzione di dopamina è necessario esercitarsi, ascoltare musica e meditare. Puoi anche aumentarne i livelli attraverso cibi come uova, noci e cioccolato.

OSSITOCINA
Considerato l'ormone dell'amore ci dà la sensazione di sicurezza nei legami d'amore. Inoltre è anche associato a una maggiore fiducia e perdita di paura.

È stimolato principalmente dal contatto fisico, parole d'incoraggiamento, meditazione, esercizio fisico.

L'ossitocina è "l'ormone dei legami emotivi" e "l'ormone dell'abbraccio". Navneet Magon, un ostetrico e ginecologo dall'India, osserva che l'ossitocina **"È UN COMPOSTO DEL CERVELLO IMPORTANTE PER LA COSTRUZIONE DELLA SICUREZZA NECESSARIA PER SVILUPPARE I RAPPORTI EMOZIONALI"**. Per questo è considerata importante in questo gruppo degli ormoni della felicità.

Stephen Covey, docente e scrittore di numerosi libri tra i quali "Le sette abitudini delle persone altamente efficaci", si pronunciò così :**"IL SUCCESSO NON È LA BASE DELLA FELICITÀ, LA FELICITÀ È LA BASE DEL SUCCESSO"**.

Finalmente, ti ricordo che con l'appropriata Attitudine Mentale Positiva arriveranno i successi, sempre che tu sia completamente sincero e onesto.

Tenendo l'Attitudine corretta ti si apriranno tutte le porte che ti porteranno inevitabilmente al successo trasformando così completamente la tua vita.

Al contrario se ti limiti a rimanere nella mediocrità, vivrai solamente lamentandoti di tutto e tutti e non raggiungerai mai nulla.

Ricorda che solo tu sei responsabile di cambiare la tua vita semplicemente cambiando la tua Attitudine Mentale.

Così è,...non è mai troppo tardi! Oggi è il giorno! Va avanti e sii un **TRIONFATORE CON TANTO SUCCESSO!**

NOTE FINALI

Congratulazioni campione! La sua dedizione e tenacia hanno portato al completamento della lettura di questo libro. Questo significa che hai fatto un grande passo avanti per arrivare al successo. Bene, come già hai imparato, ora tutto dipende da te, dipenderà dallo sforzo che poni nella realizzazione di tutto que hai imparato. Come ti ho detto a pagina 163: " più avanti troverei il piano da seguire.

SEI PRONTO?
Pertanto prendi, adesso, carta e matita e inizia a scrivere i tuoi reali obiettivi a brevi, medi e lunghi scadenza. Scrivi la tua visione, scrivi il piano e seguilo passo a passo, senza distrazioni, senza distogliere gli occhi dal tuo obiettivo, separandoti da qualsiasi persona o situazione che sia fattore di distrazione; Ricorda che con tutto quello che hai appreso messo in pratica acquisirai l'AMP necessaria per raggiungere il successo!

Congratulazioni campione! Per prendere la decisione appropriato e marcare la differenza nella tua vita e nel mondo!

Benvenuto nel gruppo dei vincitori!

Ringraziamenti

Voglio Esprimere I Miei Ringraziamenti Alle Seguenti Persone: Mia Figlia Arianna Coltellacci, Per Avermi Motivato E Spronato A Scrivere Questo Libro; Pablo Azar Y Ana Carolina Grajales (Toonymania Llc) Per Aver Collaborato Con La Direzione Creativa E La Concettualizzazione Delle Idee Grafiche. Auguro Loro Di Avere Sempre Molto Successo In Ogni Progetto Che Intraprenderanno.

www.ingramcontent.com/pod-product-compliance
Lightning Source LLC
Chambersburg PA
CBHW020648220526
45464CB00001B/338